Bayerische Schmankerlreise

Paul Enghofer

Bayerische Schmankerlreise

Südwest Verlag München

Die Rezepte sind für vier Personen gerechnet.
Wenn Rezepte für mehr oder weniger Esser gedacht sind,
so ist es extra angegeben. Für Nichtbayern sei noch
vermerkt, daß ein Pfund 500 Gramm hat.
Wir wissen zwar,
daß diese Mengenangabe nicht mehr modern ist,
aber in Bayern wird sie nicht umzubringen sein.

Zeichnungen: Ernst Hürlimann
Farbbilder: Christian Teubner
Umschlagentwurf: Manfred Metzger (Foto Teubner)

ISBN 3517007765

© 1983 Südwest Verlag GmbH & Co KG, München
Alle Rechte vorbehalten. Printed in Germany
Satz: Fuchs-Druck, Berchtesgaden
Druck- und Bindearbeit: Ebner Ulm

Inhalt

Lieber Leser!

Was in diesem Buche steht, ist alles machbar und – kostbar. Und wenn Sie etwas Köstliches daraus machen, finden das Ihre Gäste wahrscheinlich wunderbar. Schließlich waren alle diese Rezepte im Regionalprogramm des Bayerischen Fernsehens sendbar, und das schon seit zwölf Jahren. Sonderbar ist daran nur, daß der Stoff nie ausgegangen ist und sicher auch in Zukunft nicht beschnitten zu werden braucht. Auf der Suche nach neuen Schmankerln komme ich mir oft vor wie ein Schwammerlbrocker, der mehrmals am Tag sein Revier abgeht und immer wieder fündige Plätz' entdeckt. Schließlich kennt er ein schönes Sammelsurium von Pilzen, und tut auch die ins Körberl, die andere achtlos stehenlassen. Er weiß ja, daß gerade diese am besten schmecken, wenn man die rechte Art der Zubereitung kennt. Zum Schluß schreibt er ein Buch darüber.

Dies ist zwar (noch) kein Schwammerlbüachl, sondern eine Kochrezeptsammlung aus der Fernsehpraxis in der Form eines kulinarischen Reiseführers durchs Bayernland, das wir zunächst einmal mit einem schönen Schwammerlholz mit ergiebigen Fundplätzen vergleichen wollen. Und da brauchen wir bloß einen einzigen Rundgang zu machen, und schon merken wir, daß dieser ganze bayerische Wald eigentlich ein Mischwald ist, in dem überall so ziemlich die gleichen Pilze wachsen. Aber auf einmal kommen wir an Plätze, wo sich kein anderer Schwammerl breit machen könnte als der oder der andere. Denn der mag mehr Sonne, der andere gar keine, der dritte liebt ein Nadelbett, und wieder einer fühlt sich bloß im Blätterwald wohl. Plötzlich stehen wir vor einem Rätsel: Was sucht zum Beispiel diese Rotkappe neben einem pechschwarzen Milchling? Die paßt doch gar nicht in den bayerischen Staatsforst. Vielleicht hat sie »rübergemacht«?

Wie jeder Schwammerl seinen Baumstamm, so hat jeder in Bayern lebende Volksstamm seine Eigenart und sein Stammgericht. Das heißt aber noch lange nicht, daß man nicht in Nachbars Garten naschen möchte oder sich seine Frau und Köchin aus einem fremden Gäu holen dürfte. Oder man ist selbst in der Fremde (das können bei einem seßhaften

7

Altbayern schon ein paar Kilometer sein) hängengeblieben. Jeder weiß vom andern, jeder liebt das Seine, und vieles schmeckt gemeinsam. Wärs anders, dann müßten ja die Allgäuer lauter Käs' verdrücken, die Oberpfälzer und Weidler hätten Kartoffelbäuch', rund um die Seen täts bloß fischeln, den Rottalern würd' das Schmalz schon aus den Ohren tropfen, und nur den Gebirglern täten die Gamserl schwarz und braun schmecken. Wahr aber ist, daß beispielsweise die Franken mehr Bier trinken als Wein und viele als Bierdimpfel verschrieenen Altbayern einen guten Tropfen von den Hängen am Main sehr zu schätzen wissen.

Beginnen wir unseren Schmankerl-Streifzug zunächst als Hungermarsch im Süden, stärken uns aber gleich einmal bei den Schwaben und Allgäuern, kommen ins Land der Franken, wo wir bei Wein und Bier auch den Durst löschen können, sagen bei den Oberpfälzern und Weidlern »Grüß Gott«, wünschen den Rottalern viel Glück im Stall, schaun in oberbayerische Kochtöpf' und schießen uns im Gebirg einen Hirschen. Von da aus ist's dann nicht mehr weit in die Landeshauptstadt, wo's alles gibt. München ist halt einmal der Schmelztiegel, in dem so ziemlich alle Völkerstämme ihr Schmalz auslassen. Bayerische sind auch (noch) dabei.

Wer in diesem Buch sein Leibgericht nicht findet, sollte in der »Bayerischen Schmankerlküche« und im Buch »Bayerische Schmankerl fürs ganze Jahr« nachschauen. Erstere wurde 1975 geboren, der zweite Band erblickte 1977 das Licht der weißblauen Welt. Dieses mein drittes Wunschkind kriegt das zu füttern, was die anderen übersehen haben oder womit sie sich nicht mehr vollstopfen konnten, weil sie noch zu klein waren.

Ich wünsche Ihnen viel Spaß beim Lesen, gutes Gelingen beim Kochen und ein Wiedersehen vor dem Fernseher!

Pfarrkirchen, im Herbst 1983

Ihr Paul Enghofer

D' schwäbisch Kuche

Krumbacher Käsesuppe

100 g Butter
5 Eßlöffel Mehl
$1^1/_2$ l Fleischbrühe
300 g Emmentaler
$^1/_8$ l süßer Rahm

1 Lorbeerblatt
1 Doppelstamperl Weinbrand
2 Weißbrotscheiben
2 bis 3 Butterflocken

Aus Butter und Mehl bereitet man im Tiegel eine helle Einbrenne, die mit heißer Fleischbrühe nach und nach aufgegossen wird. Unter Rühren läßt man einige Minuten kochen. Dann wird der geriebene Allgäuer Emmentaler zugegeben und mitvermischt. Die Suppe soll ab jetzt nur noch leicht köcheln und, wenn der Rahm dazukommt, bloß mehr ziehen, bis sie sämig ist. Ein kleines Lorbeerblatt hebt den Geschmack. Zum Schluß wird noch ein Doppelstamperl guter Weinbrand eingegossen und die Suppe auf Teller oder Tassen verteilt. In Butter angeröstete Weißbrotwürferl kommen obenauf, und wenn man grad Schnittlauch zur Hand hat, soll man ihn drüberstreuen. Das schaut gut aus.

Käseknöderl in der Käsesuppe

125 g Knödelbrot
$^1/_2$ Zwiebel
1 Eßlöffel Butter
$^1/_8$ l Milch
150 g Edelpilzkäse (Schmelzkäse)
1 Prise Salz
1 Eßlöffel gehacktes Grünzeug
30 g Mehl
1 Ei
$1^1/_4$ l Fleischsuppe
150 g Schmelzkäse mit Nuß

Dieses Gericht ist im wahrsten Sinne ein doppelter Käsegenuß. Zuerst die Nockerl: Edelpilz-Schmelzkäse wird in kleine Würfel geschnitten und unter Rühren in der heißen Milch aufgelöst. Dann verquirlt man bei nur noch mäßiger Hitze das Ei in der Käsemilch, salzt, gibt gehacktes Grünzeug der Saison dazu und gießt diese Mischung über das mit abgeschmalzener Zwiebel vermengte Knödelbrot. Mit Mehl und Milch (falls erforderlich) verknetet man das Ganze zu einer Art Semmelknödelteig. Man läßt ihn eine gute Viertelstunde einziehen. Danach formt man mit den Händen Knöderl daraus und kocht sie zehn Minuten in Salzwasser. Inzwischen bereitet man die Suppe zu: Kleinwürfelig geschnittener Schmelzkäse mit Nuß wird in $1^1/_4$ Liter Fleischbrühe aufgekocht und verrührt. Die cremige Suppe verteilt man in Tassen oder Teller und gibt die Knöderl hinein. Grünzeug drüber!

Käsedatschi

1 Pfund rohe Kartoffeln	60 g Butter
2-4 Eßlöffel Mehl	8 Äpfelscheiben
1 Ei	2-3 Zwiebeln
1 Prise Salz	200 g Emmentaler
2 Eßlöffel Schweineschmalz	

Zunächst macht man vier Reibedatschi (Kartoffelputfer, Backes). Frisch geriebene Kartoffeln werden mit einer Prise Salz und so viel Mehl, wie der Teig aufnimmt, zu einer weichen Masse zusammengerührt. Die Pfanne soll so groß sein, daß der ganze Teig in vier Fladen Platz hat. Sie werden in Schweinefett auf beiden Seiten goldbraun gebraten und so lange warm zur Seite gestellt, bis der Belag fertig ist. Man dünstet geschälte, entkernte und nicht zu dünne Äpfelscheiben in Butter kurz auf beiden Seiten; in einem anderen Gefäß werden Zwiebelringe glasig geschwitzt. Jeder Reibedatschi wird mit zwei Apfelscheiben und darüber mit Zwiebelringen bedeckt. Darauf streut man noch geriebenen Käse. So kommt das Gericht ins Rohr wo es bei 180 Grad so lange backen muß, bis der Käse geschmolzen ist. Eine Spezialität der »Traube« in Donauwörth.

Gebackener Allgäuer Emmentaler

4 Scheiben Emmentaler (je 125 g)
Panade aus Mehl, 2 Eiern und Semmelbröseln

Cremige Soße: $^1/_4$ l süße Sahne zu Schlagrahm
1 Eßlöffel Kren
$^1/_2$ Eßlöffel Preiselbeeren
Als Backfett Pflanzenfett (180 Grad)

Tomaten

Auf drei Teller verteilt sind Mehl, verquirlte Eier und Semmelbrösel. In dieser Reihenfolge werden die Käsescheiben zweimal paniert; beim zweiten Mal läßt man allerdings das Mehl aus. Dann bekommen sie drei Minuten lang ihr heißes Bad in Pflanzenfett; die erste Halbzeit im Bauch-, die andere im Rückenschwumm. Der Bademantel darf dabei nicht verletzt werden. Man hebt den Käse vorsichtig heraus und läßt ihn abtropfen. Dazu gibt es eine cremige Soße, die man vorher aus Schlagrahm, geriebenem Kren und Preiselbeeren zusammengerührt und in bzw. auf ausgehöhlte Tomaten gegossen hat.

Kemptener Käsestrauben

$^1/_8$ l Milch
150 g Schmelzkäse (je nach Geschmack)
$^1/_2$ Teelöffel Backpulver
200 g Mehl
$^1/_8$ l Bier
2 Eier
Backfett

Den Schmelzkäse schneidet man in kleine Stücke, gibt sie in kochende Milch und rührt so lange, bis der Käse sich aufgelöst hat. Man deckt die cremige Masse zu und läßt sie etwas abkühlen. Inzwischen werden Bier und Mehl klumpenfrei verrührt, an das Milch-Käse-Gemisch gegossen und nach und nach die Eier dazugeschlagen. Den Teig eine halbe Stunde quellen lassen. Er soll danach dickflüssig vom Kochlöffel tropfen. Dann gießt man ihn, wie man ihn braucht, durch einen Trichter (Durchmesser der Austrittsöffnung $^1/_2$ – 1 cm) in heißes Backfett. Dabei macht man mit der Hand kreisende und achterförmige Bewegungen. So entstehen in der Schmalzpfanne bizarre Teiggebilde in gewünschter Größe, die man schön knusprig bräunt.

Käsige Rothäute

4 große Tomaten	*75 g Edelpilz-Schmelzkäse*
1 Eßlöffel Öl	*75 g Schmelzkäse-Nuß*
Salz, Pfeffer, Oregano	*40 g Butter*
Knoblauchsalz, Basilikum	

Die halbierten Tomaten werden auf ein mit Öl gefettetes Blech mit der Schnittseite nach oben gesetzt. Man verwendet die angegebenen Gewürze nur in winzigen Mengen (Messerspitzen). Dann verteilt man den Käse gleichmäßig auf die Tomaten, setzt ihnen Butterflocken als Hauben auf und bäckt alles im vorgeheizten, sehr heißen Rohr (250 Grad) zehn Minuten. Der Käse soll nicht ganz zerlaufen, sondern noch eine leichte Kruste aufweisen. Ob Edelpilz oder Nuß: beide Käsesorten machen sich gut als »Häuptlinge« der »Tomantschen«.

Rieser Riesen-Grießnocken

100 g Butter	*je 1 Prise Salz und Pfeffer*
3 Eier	*1 Eßlöffel Petersilie*
10-15 Eßlöffel Grieß	*Salzwasser*
1 Messerspitze Muskat	

Wer's nicht gesehen hat, glaubt es kaum: Sechs Nocken von der Größe zweier Fäuste lassen sich aus einem Teig zaubern, der nur aus den angeführten Zutaten besteht. Butter und Eier werden schaumig gerührt, dann vermengt man nach und nach löffelweise den Grieß mit ein, bis ein geschmeidiger Teig ent-

13

steht, der mit einer Spur Muskat, einer kräftigen Prise Salz, etwas Pfeffer und feingehackter Petersilie gewürzt wird. Man sticht daraus mit dem Löffel Stücke heraus, die man zu Nockerl üblicher Größe formt, die nur in Salzwasser und nicht in Fleischbrühe gekocht werden. Damit hat es seine Bewandtnis. Die Nockerl wachsen sich nämlich während des Kochvorgangs zu Nocken und dann zu Riesen-Nocken aus, von denen nur zwei bis drei in einem Haushaltstiegel Platz haben. Man legt sie zunächst in noch nicht siedendes Salzwasser ein und wartet, bis dieses zu sprudeln beginnt. Dann werden sie mit eiskaltem Wasser aus der Tasse abgeschreckt, was für die Nockerl eine Anregung zum Wachsen bedeutet. Sobald das Salzwasser wieder zu kochen beginnt, wird es mit einem Kältequß erneut unter den Siedepunkt geschickt. Das wiederholt man sechs- bis siebenmal. Wir haben bei Fernsehaufnahmen keine Zeitlupe verwenden müssen, um das Wachstum der Nocken zeigen zu können. Man sieht es, wie sie von Guß zu Guß an Volumen zunehmen. Nach etwa 20 Minuten sind die Nocken fertig. In einem Teller mit Fleischbrühe hat nur eine davon Platz.

Grießschnitten

1 l Milch	*3 Eier*
¹/₂ Pfund Grieß	*3 Eßlöffel Butter*
1 Prise Salz	*3 Eßlöffel Pflanzenfett*
1 Eßlöffel Zucker	*Zimtzucker*

Zuerst kocht man aus Milch, Grieß und einer Prise Salz einen dicken Brei, in den man nach und nach die Eier und den Zucker verrührt. Die noch heiße Masse wird etwa fingerdick auf ein leicht eingefettetes Backblech oder auf ein nasses Brett gestrichen, dann muß sie erkalten. Aus dem Teig schneidet man hernach Schnitten in gewünschter Größe und bäckt sie in der Pfanne in heißem Fett auf beiden Seiten goldbraun. Dafür eignet sich gut eine Mischung aus Butter und Pflanzenfett. Man kann die Schnitten vorher auch in einem verschlagenem Ei wenden oder mit Ei und Semmelbröseln panieren. Gleich aus der Pfanne werden die Grießschnitten in Zimtzucker gewendet und heiß zu einem Schalerl Kaffee serviert. Man kann solche Schnitten auch gut aus Reis zubereiten. An der Mengenangabe ändert sich dabei nichts.

Milchschnitten

200 g Butter	*1 Prise Salz*
3 alte Semmeln	*$^1/_2$ l Milch*
6 große Eier	

Man läßt in einer Pfanne 50 g Butter zergehen und legt die in dünne Scheiben geschnittenen Semmeln hinein. Dann wird das Brot mit Salz bestreut und mit so viel heißer Milch übergossen, bis es gut bedeckt ist. Die Milch läßt man nun bei mittlerer Hitze einkochen. Inzwischen verquirlt man sechs Eier (wenn es kleine sind, dürfen es auch acht sein) und verteilt sie in der Pfanne über das Gericht. Anschließend kommen 150 g zerlassene Butter darüber. Das Ganze soll jetzt weiterkochen, bis sich am Boden eine braune Kruste (Ramerl, Schmankerl) bildet. Man ißt die Milchschnitten aus der Pfanne. Dazu gibts Kompott.

Nonnenfürzle

sind etwas Geistliches und daher unsichtbar. Wenn sie aber in der Küche passieren, kommt dabei Folgendes heraus:

150 g Mehl	*1 Prise Salz*
80 g Butter	*2 Eßlöffel Zucker*
$^1/_4$ l Milch	*$^1/_2$ Teelöffel Backpulver*
3 Eier	

In einem Topf erhitzt man die Milch mit der Butter und rührt alles Mehl auf einmal dazu, und zwar so lange, bis sich ein Klumpen bildet und sich der Brandteig vom Kochgefäß löst. Eier, Zucker, Backpulver und Salz werden kalt eingearbeitet. Aus der Masse formt man mit dem Kaffeelöffel kleine Nockerl, die in Fett schwimmend hellbraun ausgebacken werden.

Grüne Krapfen

Nudelteig:
300 g Mehl
2 Eier
1 Prise Salz
etwas Wasser

Füllung:
2 Tassen gehackte Zwiebelröhrchen
40 g Butter
200 g Rindfleisch
1 Ei
Salz, Pfeffer, Muskat
2 Scheiben Weißbrot

Feingeschnittene Zwiebelröhrchen (schwäbisch: Schnattern) werden in Butter gedünstet. Gekochtes Rindfleisch wird noch warm in kleine Würfel geschnitten und mit einem Ei vermischt. Zwei Scheiben Weißbrot werden in kleine Stücke geschnitten und in der Pfanne in wenig Fett kurz angeröstet. Das zusammen vermischt und gewürzt, ergibt die Füllung für die grünen Krapfen.

Die Hülle besteht aus einfachem Nudelteig, der auf dem Brett aus gesiebtem Mehl, Eiern, Salz und Wasser gerührt, verknetet und ausgewalkt wurde. Auf die untertellergroßen Teigfleck, die so dünn sein sollen wie ein Messerrücken, gibt man nun so viel von der Füllung, daß diese bequem eingeschlagen werden kann. Die Teigränder bestreicht man zweckmäßigerweise mit Eiweiß, damit sie besser kleben und nichts von dem Inhalt in die Suppe rutschen kann. Darin werden die Krapfen ein paar Minuten gekocht. Will man sie nicht als Suppeneinlage essen, kann man die Krapfen auch aufschmalzen. Man nimmt sie aus der kochenden Brühe, übergießt sie mit gebräunten Zwiebeln samt Fett, gibt noch etwas Suppe dazu und serviert sie so. Im einzigen Wirtshaus in Hagenried bei Krumbach gelten die grünen Krapfen als »a guate Mittagskoscht«.

Krumbacher Käsesuppe, Rezept Seite 10
Grüne Krapfen, Rezept Seite 16

Bodensee-Blaufelchen in weißer Soße

4 Felchen à 300 g (filetiert)	2 Tomaten
Saft von $^1/_2$ Zitrone	250 g Champignons
Salz, Pfeffer	2 Eßlöffel Kräuter der Saison
etwas Worcestersoße	$^1/_4$ l Sahne
Mehl	1 Eßlöffel Mehlbutter
80 g Butter	etwas Glutamat
$^1/_4$ l Weißwein	2 Eßlöffel Schlagrahm

Man braucht eine große Pfanne, in welche die acht Filets passen. Diese werden zuerst mit Zitronensaft beträufelt, mit Salz und Pfeffer eingerieben und mit etwas Worcestersoße betupft. Ganz leicht beiderseits bemehlt, kommen sie zu der zerlassenen Butter in die heiße Pfanne und werden auf jeder Seite gut angebraten. Dann löscht man mit Weißwein ab, gibt die kleingewürfelten Tomaten hinzu, dann die blättrig geschnittenen Champignons und die feingewiegten Kräuter der Saison. Petersilie und Dill sollten dabei sein. Nach dem Wenden der Filets läßt man alles gut durchkochen, füllt mit Sahne auf und läßt noch ein wenig ziehen. Dann nimmt man die Fische aus der Pfanne, richtet sie auf einer vorgewärmten Platte an und bedeckt sie, bis die Soße fertig ist, mit Alu-Folie. Die Soße wird mit einer eingerührten Mehlbutter-Kugel verdickt. Man schmeckt ab mit Glutamat, Salz, Pfeffer, kocht alles noch einmal gut durch und läßt zum Schluß noch etwas Schlagrahm einziehen. So kommt die Soße über die Fische. Dazu passen grüner Salat und Petersilkartoffeln.

Seehas (1 Person)

2 Kartoffellaible oder	120 g Blattspinat
1 Kartoffelpuffer (Reibedatschi)	$^1/_2$ Zwiebel
2 Eßlöffel Schweinefett	Salz, Pfeffer, Muskat
$^1/_2$ Forellenfilet	3 Eßlöffel Sauce Hollandaise

In der Kulinaria treiben sich viele falsche Hasen umher, angefangen vom Rhönhasen über den »Stallhasen als Wildhase« bis hinunter zum schwäbischen Seehas aus der Gegend um den

Bodensee. Der Seehas braucht als Unterlage entweder einen Kartoffelpuffer oder 2 Kartoffellaibe (Rezept s. unten). Die gewählten »Unterlagen« werden in Schweinefett schön goldgelb gebraten. Darauf legt man die geräucherten Forellenfilet-Viertel ($^1/_2$ Filet quer teilen). In einer anderen Pfanne gart man den Blattspinat zusammen mit einer halben, gehackten Zwiebel. Gewürzt wird mit Salz, Pfeffer und Muskat. Diese Mischung wird über die Kartoffel-Fisch-Unterlage verteilt. Obendrauf gibt man einen Schlag Sauce Hollandaise. Das Gericht wird im Rohr bei mittlerer Hitze so lange belassen, bis sich die Hollandaise goldbraun gefärbt hat.

Die Kartoffellaibe macht man (für 4 Personen) so: 1 Pfund frischgekochte Kartoffeln noch heiß fein pürieren, dann unter Zugabe von einem Ei, 3 Eßlöffel Süßrahm, etwas Mehl und je 1 Prise Zucker, Salz, Pfeffer und Muskat zu einem Teig kneten. Diesen eine Stunde ruhen lassen. Auf bemehltem Brett fingerdick auswalken. Mit einem Glas runde Plätzchen ausstechen. Aus demselben Teig kann man auch Kartoffelpuffer (Reibedatschi) backen. Die Größe ist Ihnen freigestellt.

Die Sauce Hollandaise kann man sich fertig kaufen. Wenn Sie sich selbst drübertrauen (4 Personen): 1 Eßlöffel Fleischbrühe, 1 Eßlöffel Weißwein, 2 Teelöffel Zitronensaft, je 1 Prise Salz, Pfeffer, Zucker und 3 Eidotter schaumig schlagen. Die Masse im heißen Wasserbad anschließend sahnig schlagen. Unter beständigem Rühren 100 g zerlassene Butter teelöffelweise zutröpfeln lassen.

Hennentöpferl (2 Personen)

Das Hennentöpferl stammt vom Goggl-Wirt in Landsberg am Lech:

250 g Poulardenbrust	Salz, Pfeffer
80 g Gelbe Rüben	$^1/_2$ Teelöffel gekörnte Brühe
80 g grüne Erbsen	1 Eßlöffel Petersilie
60 g Butter	$^1/_4$ l süßer Rahm
$^1/_2$ Zwiebel	2-3 Spritzer Tabasco

Gelbe Rüben und grüne Erbsen werden wegen verschiedener Garzeiten »bis zum Biß« vorgekocht. Dann schneidet man die gesottene Poulardenbrust in Stücke wie zu Gulasch. In der Pfanne wird eine halbe Zwiebel sehr kleinwürfelig in Butter angeschwitzt. Da hinein gibt man nacheinander die Gelbe Rüben-Scheiben, die Erbsen und das Fleisch und läßt alles unter häufigem Umrühren und Schütteln leise kochen. Nach einer Viertelstunde wird gewürzt, und zwar mit Salz, Pfeffer aus der Mühle, etwas gekörnter Brühe (oder halbem Suppenwürfel) und feingewiegter Petersilie. Dann gießt man den Rahm über das Gericht, läßt ihn etwas einziehen, wobei man gelegentlich umrührt, und gibt zum Schluß noch ein paar Spritzer scharfer Pfeffersoße dazu. Man serviert das Töpfchen mit zwei pochierten Eiern, wohl aus Reverenz an die Masthenne, die selbst nie zum Eierlegen gekommen ist.

Eingemachtes Kalbfleisch

1 ¹/₂ Pfund Kalbfleisch	**Zur Soße:**
2 l Wasser	*75 g Butter*
¹/₂ Zwiebel	*2 Eßlöffel Mehl*
2 Lorbeerblätter	*¹/₂ l Fleischsud*
3 Nelken	*¹/₈ l Weißwein*
10 Wacholderbeeren	*1 Spritzer Zitronensaft*
1 kleines Stück Sellerie	*Salz, Pfeffer*
¹/₂ Lauchstange	*1 Eidotter*
1 Gelbe Rübe	*3 Eßlöffel süßer Rahm*

Ein schönes Stück Kalbfleisch wird in den oben aufgeführten Suppenzutaten eineinhalb Stunden gekocht. Die Soße wird aus einer hellen Einbrenne gewonnen, die man mit Brühe aufgießt und kochen läßt. Dann kommen ein herber Frankenwein, ein Spritzer Zitronensaft und die Gewürze hinzu. Wenn alles gut durchgekocht ist, legiert man mit in Sahne verkläppertem Eigelb und läßt nur noch ziehen. Die Soße wird über die Fleischscheiben gezogen, die so hergeschnitten sind, daß von vier Essern jeder zwei Stück bekommt. In der »Traube« in Oberstaufen-Thalkirchdorf im Allgäu kocht der Juniorchef dieses Gericht besonders gern.

Kalbsleber mit Schwammerl

4 Eßlöffel Öl	Macisblüte und Majoran
1 Zwiebel	¹/₂ Tasse Bratensoße
200 g Reherl	¹/₂ Tasse saurer Rahm
400 g Leber	1 Teelöffel gehackte Petersilie
1 Doppelstamperl Kognak	Kalbsknochen
Würzmischung aus Salz, Pfeffer,	

Weil der Wirt vom »Aeschacher Hof« in Lindau lange Jahre Diätkoch in Krankenhäusern war, macht er jetzt auch in seinem Gasthaus auf »gsund«. Drum darf bei diesem Gericht zum Beispiel die gehackte Zwiebel in Öl nur leicht glasig angeschwitzt werden, um Röststoffe zu vermeiden. Dann kommen die Schwammerl in die Pfanne, werden gut durchgeschwenkt, anschließend widerfährt der geschnetzelten Kalbsleber dasselbe. Alles wird sodann mit einem Doppelstamperl Kognak aufgegossen und abflambiert. Jetzt würzt man, gießt mit Kalbsfond auf (aus Kalbsknochen eingekocht), rührt noch einmal gut durch und gibt zum Schluß sauren Rahm darunter. Nun kommt das Gericht in ein heißes Serviergefäß und wird mit gehackter Petersilie bestreut.

Leckerle (1 Person)

200 g Schweinefilet	¹/₄ l süßer Rahm
1 Eßlöffel Butter	12 Kirschen
Salz, Pfeffer, Paprika	3 Eßlöffel Kirschensaft
¹/₈ l Rahmsoße	1 Doppelstamperl Kirschgeist

Das Filet schneidet man in 3 bis 4 Medaillons, würzt sie mit Salz, Pfeffer und Paprika und brät sie in einer Pfanne, in der Butter zerlaufen ist. Nach etwa fünf Minuten bereitet man in derselben Pfanne die Soße zu, und zwar köchelt man fertige braune Rahmsoße (s. unten) und süße Sahne zusammen. Das Fleisch bleibt im »Kochgeschirr«. Anschließend kommen etwa ein Dutzend eingemachte Kirschen in die Soße und einige Eßlöffel aus dem Einmach-Saft. Man kann auch Früchte aus im Handel befindlichen Dosen und Gläsern nehmen: Hauptsache ist, man kommt an den aromatischen Fruchtsaft heran, der die Soße sehr verfeinert. Das Tüpfelchen auf dem »i« ist aber vergorener Kirschsaft. Ein Doppelstamperl davon gehört unbedingt in die Pfanne. Serviert wird, wenn die Medaillons noch nicht ganz durch sind, also einen »Biß« haben. Zu diesem schwäbischen Leckerle passen als Beilagen gut Kartoffelnudeln und Speckbohnen.

Die braune Rahmsoße zieht man aus Fleischbrühe oder noch besser aus im Wasser aufgekochtem Bratensaft, den man mit Salz, Pfeffer und Oregano würzt. Dieses kocht man unter beständigem Rühren mit etwas Sahne und einer kleinen Buttermehlkugel durch. Mit etwas Kognak abschmecken schadet nicht! So kriegt man's bei der »Postwirtin« in Nesselwang.

Nördlinger Lendentopf (2 Personen)

6 Stücke aus der Kalbs- oder
Schweinslende (je ca. 80 g)
2 Eßlöffel Öl
150 g Butter
$^1/_2$ Zwiebel
125 g Reherl
1 Teelöffel Mehl

1 Teelöffel Petersilie
1 Tasse Fleischbrühe oder
gestreckter Bratensaft
$^1/_2$ Tasse süßer Rahm
Salz, Pfeffer
fertige Spätzle

Die geklopften Lendenstücke werden in der Pfanne in Öl auf jeder Seite vier Minuten gebraten, gewürzt und warm gestellt. Im Topf zerläßt man Butter, schwitzt darin die gehackten Zwiebeln glasig und gibt die Reherl hinzu. Man verrührt alles gut, staubt mit Mehl und löscht mit Fleischsuppe oder Bratensoße ab. Wenn alles glatt gerührt ist, gießt man sauren Rahm hinzu und läßt nun nicht mehr kochen, sondern bloß noch leise ziehen. Die gehackte Petersilie kommt erst am Schluß dazu, damit sie ihren intensiven Geschmack behält. Nun kommen noch Spätzle in den Topf, sonst wär' das Ganze kein schwäbisches Gericht. Dann wird »umgetopft«, denn die Serviergefäße sind um die Hälfte kleiner. Jeder Esser kriegt drei Fleischstücke obenauf. Daran erkennt er sofort, daß er einen Lendentopf vorgesetzt bekommt.

Schwäbische Filetpfannen

Der Chef vom »Kronenkeller« in Türkheim nennt sie auch »Töpfchen«, denn die Serviergefäße gehen mehr in die Höhe als in die Breite. Die Mengenangabe hier ist für vier »Pfännchen«, damit keiner Recht hat. Vorausgeschickt sei, daß man für dieses Gericht frische Spätzle braucht, die man nebenher machen muß, und zwar aus einem Pfund Mehl, sieben Eiern, einer Prise Salz und ein wenig Wasser. Den Teig durchs Spätzlesieb in heißes Wasser drücken. Die Filets schneidet man in einer Dicke von etwa 4 bis 5 Zentimeter; man braucht zwölf Stück, in jedes Töpfchen drei.

12 Schweinefilets	*150 g Emmentaler*
Salz, Pfeffer	*4 Eßlöffel Bratensaft*
1 Zwiebel	*100 g Stangenkäse (Limburger)*
Spätzle	*Bratfett*

Die Filets werden gewürzt und auf jeder Seite drei Minuten gebraten. Dann stellt man sie warm. Das Braten geschieht am besten in einer großen Pfanne, ehe man sie in die Serviergefäße gibt. In die kleinen Töpfchen verteilt man angebräunte Zwiebelringe (oder Würfel), darauf kommen die abgetropften Spätzle, darüber geriebener Emmentaler, und dann gießt man noch etwas Bratensaft zu. Abgedeckt wird das Ganze mit drei Filetscheiben je Töpfchen, auf die man noch – Limburger verteilt. So kommen die Pfannen ins vorgeheizte Rohr, wo sich der Käse ausweinen darf. Dazu wurde im »Kronenkeller« noch gereicht: Champignons in Rahmsoße und grüner Salat. Und der Bocksbeutel hat auch prima geschmeckt.

»Mau«-Pfanne

In Memmingen wollten sie einmal zur Nachtzeit mit Netzen den Mond einfangen, als er sich gerade in einem vollen Löschwasserzuber spiegelte. An der richtigen Stelle plaziert, hätte er einen Teil der städtischen Beleuchtung übernehmen sollen. Dieser Schildbürgerstreich aus dem Mittelalter ist – vielleicht – nicht wahr, aber den hellen Schwaben ist sofort ein Licht aufgegangen, wie man aus dieser Mär blankes Geld machen könne. So schmiedeten, prägten und gossen sie Modeln und Pfannen mit einem lustigen Mondgesicht. Auch heut noch kriegt man einen Guglhupf oder Kuchen mit dem aufgeprägten Konterfei unseres Trabanten. Der Memminger »Mau« − so heißt der Mond auf schwäbisch − ist in der Kulinaria ein Begriff geworden, und so brät und brutzelt man in den Gasthäusern Gerichte, die mit dem Nachtgestirn nur noch den Namen gemeinsam haben. Aber die Tradition ist gewahrt. Ich habe im »Adler« nachgefragt, weil der am höchsten fliegt und wohl am ehesten Bekanntschaft mit dem Mau gemacht haben dürfte. Man hat mir eine Mau-Pfanne vorgesetzt, auf die noch viele Mondsüchtige im Gastzimmer gewartet haben. Aber jetzt in die Küche:

1 ¹/₂ Pfund Schweinsfilet
1 Eßlöffel Pflanzenfett
12 dünne Wammerlscheiben
Salz, Pfeffer
Kümmel
4 Eßlöffel Schwammerl
¹/₂ Tasse Weißwein
1 Tasse braune
(vom letzten Braten übriggebliebene) Soße
¹/₈ l süßer Rahm

Man schneidet das Filet in 12 Scheiben, würzt diese und drückt sie etwas an. Dann umwickelt man den Rand ringsum mit dünnen, geräucherten Wammerlstreifen und befestigt sie mit einem Zahnstocher. Die Fleischstücke werden auf jeder Seite drei Minuten gebraten, so daß der Kern saftig und rosa bleibt. Dann gibt man vorrätige braune Soße hinzu, läßt alles aufkochen, verfeinert mit Weißwein und mischt noch blättrig geschnittene Schwammerl darunter. Zum Schluß kommt süßer Rahm dazu. Als Beilage passen mit Johannisbeeren gefüllte Bratäpfel, Tomaten und grüner Salat.

23

Kaninchenschlegel in Senfsoße

2 Schlegel (Keulen) vom Stallhasen
$^1/_2$ Teelöffel Paprikasalz
$^1/_4$ Teelöffel Pfeffer
1 Eßlöffel Öl
1 Eßlöffel Butter
1 Zweig Thymian
1 Knoblauchzehe

Soße:
1 Eßlöffel Schalotten
1 Spritzer Apfelessig
$^1/_2$ Tasse Fleischbrühe
1 Tasse Crème fraîche
2 Teelöffel Senf
1 Eßlöffel Butter

Die mit Paprikasalz und Pfeffer aus der Mühle gut gewürzten enthäuteten Schlegel werden in der Pfanne in Öl beiderseits gut angebräunt. Dann kommt die Butter dazu. Neben die Keulen legt man eine Knoblauchzehe und frischen Thymian, deckt mit Alu-Folie ab und gibt das Gericht ins vorgeheizte Rohr. Die Schlegel werden bei 200 Grad 20 Minuten gebraten und müssen einmal gewendet werden. Dann nimmt man sie heraus und stellt sie warm. In der Pfanne bereitet man nun die Soße zu. Zuerst läßt man feingeschnittene Schalotten anbräunen, löscht mit einem Spritzer Apfelessig ab und gießt eine halbe Tasse Brühe hinzu. Das alles muß sich bis auf ungefähr ein Drittel einkochen. Dann rührt man darin Crème fraîche (spezieller Sauerrahm mit 30 % Fettgehalt und Milchsäurebakterien) und mittelscharfen Senf glatt, läßt noch einmal aufkochen und passiert die Soße durch ein feines Sieb. Sie wird noch mit etwas Butter verrührt und darf nicht mehr kochen.
Im Landgasthof »Illereichen« gab's dazu glaciertes Gemüse und neue Kartoffeln, in Butter gebraten. Ein Rezept aus der hauseigenen schwäbischen Schloßküche.

Saubuckel in Käsesoße

800 g *Schweinskarree*
1 *Knoblauchzehe*
1 *Eßlöffel Salz*
1 *Teelöffel Kümmel*
1 *Teelöffel Pfeffer*

Zur Soße:
400 g *Allgäuer Emmentaler*
5 *Eidotter*
$^1/_8$ *l Frankenwein*
1 *Zitrone*
Salz, Pfeffer
$^1/_2$ *Pfund Butter*

Ein schönes Stück vom Schweinsrücken wird ausgelöst und überall mit Knoblauch, Salz, Pfeffer und gemahlenem Kümmel eingerieben. Die Gewürze sollen zwei Stunden lang auf das rohe Fleisch einwirken. Dieses kommt in der Reine in das auf 250 Grad vorgeheizte Rohr und wird eineinhalb Stunden gebraten. Hin und wieder mit Wasser aufgießen, damit es nicht anbrennt; bei halber Garzeit wenden.

Die Soße bereitet man zweckmäßigerweise in einem Stieltopf zu. Man verschlägt darin die Eidotter, die Gewürze, den Saft einer Zitrone und herben Weißwein auf kleiner Flamme oder im Wasserbad, weil das Eigelb nicht gerinnen darf. Nach und nach gibt man unter ständigem Rühren mit dem Schneebesen aus einem Schnabelhaferl die zerlassene Butter hinzu; anfangs nur tröpfchenweise, dann langsam rinnend. Zum Schluß wird der geriebene Emmentaler untergezogen.

Der gebratene Saubuckel, wie er im »Sieben-Schwaben-restaurant« in Oberstdorf genannt wird, kommt aus der Reine und wird, in Portionsstücke geschnitten, in eine feuerfeste Emailleform geschichtet und mit der Käsesoße bedeckt. So kommt der Schweinsbraten wieder für kurze Zeit ins Rohr, bis sich die Soße gut verkrustet hat. Dazu gibt's geschupfte Nudeln und Bohnensalat.

Nachtrag:

Wie im Vorwort schon gesagt, ist in diesem Buch manches nicht dabei, das dazugehören tät'. Tragen Sie mir das bitte nicht nach, denn ich hab's schon in zwei Büchern vorgetragen, und bitte um Ihre Nachsicht. Bitte schlagen Sie nach bei:

»Bayerische Schmankerlküche«: Voressen (Kuttelfleck), S. 20 – Allgäuer Krautkopf S. 66 – Krautkrapfen S. 69 – Käsespätzle S. 80 – Kraut-Baunzen S. 81 – Maultaschen S. 82 –.
»Bayerische Schmankerl fürs ganze Jahr«: Wasserschnalle S. 9 – Käse-Flädle S. 13 – Sträuble S. 49 – Krautkrapfen S. 78 – Bauernkoteletts S. 88.

Ins Land der
Franken fahren

Backes

So heißen sie in Nürnberg in der »Alten Küche«, woher das Rezept stammt. Man kann auch Kartoffelpuffer dazu sagen oder Reibedatschi oder sie bloß schweigend essen. Die Nürnberger Köchin meinte allerdings, die fränkischen »Backes« seien etwas Besonderes, vielleicht besser gewürzt als anderswo?!

2 Pfund Kartoffeln	*2 Eßlöffel Mehl*
1 Teelöffel Salz	*$^1/_4$ Teelöffel Kümmel*
2 Eßlöffel Zwiebeln	*2 Eier*
1 Knoblauchzehe	*Backfett*

Mehlige rohe Kartoffeln reibt man in eine Schüssel, drückt mit leichter Hand das Wasser ab und gießt es weg. Dann würzt man die Kartoffelmasse mit Salz, feingewiegter Zwiebel und dem Ausgedrückten einer Knoblauchzehe. Nun bestäubt man den Teig mit Mehl und gemahlenem Kümmel, schlägt zwei Eier dazu und vermengt alles gut mit dem Kochlöffel. Die Backes werden in der Pfanne dünn und in sehr heißem Fett auf beiden Seiten rösch gebräunt. Man ißt sie heiß. Sie schmecken mit Apfelmus oder Sauerkraut, je nach Gusto. Manche mögen sie auch mit Preiselbeeren oder zu einer Tasse Milch. Die Köchin sagte auch allen Ernstes: »Ein echter Frank ißt sein' Backes mit einer Kartoffelsupp'!« Ich bin allerdings noch keinem solchen echten begegnet. Aber ich habe gesehen, wie man geschnittene rote Paprikaschoten, feingewürfelten Schinken oder Champignons in den Teig getan hat.

Braunfuchsen

gibt's im Fichtelgebirge. Als die Wirtin Anni Gößl vom
»Hammerbach« bei Fernseh-Aufnahmen sagte ». . . und nun
tu ich meinen Schlauch in die kochende Suppe«, mußte das
Team hellauf lachen. Die Köchin wußte aber wirklich nicht,
warum. Denn rund um den Fichtelberg heißt der Lauch oder
Porree einfach Schlauch. Er ist ziemlich in folgendes Gericht
verwickelt:

2 Pfund rohe Kartoffeln
1 Pfund gekochte Kartoffeln
$^1/_2$ Teelöffel Salz
200 g Pflanzenfett

Suppe:
$1^1/_2$ l Wasser oder Fleischbrühe
4 Stangen (Sch)Lauch
1 Zwiebel
100 g Schweineschmalz
100 g geräuchertes Wammerl
3 Eier
Salz, Pfeffer
1 Bund Petersilie

Den rohen, geriebenen und abgetropften Kartoffeln werden
die gekochten beigemengt. Der Teig wird mit Salz abgeschmeckt, dann werden daraus zunächst kleine Bällchen
gedreht und diese zu Pflanzln geformt. Man bäckt sie in der
Pfanne auf beiden Seiten schön goldbraun. Für die Suppe gibt
man daumenbreit geschnittene Lauch-Stücke in kochendes
Wasser oder Fleischbrühe. Dann brät man in einer Pfanne
gewürfelten Räucherspeck in Schweineschmalz aus, dämpft
darin Zwiebelwürfel goldgelb und gibt das Gemisch in die
Lauchbrühe. Das Ganze soll nun, zusammen mit den
eingelegten Kartoffel-Pflanzln, 15 bis 20 Minuten ziehen.
Ganz zum Schluß rührt man drei verkläpperte Eier mit ein,
damit die Suppe sämig wird. Man schmeckt mit Salz und
Pfeffer ab und serviert. Über die gefüllten Teller oder Tassen
streut man feingehackte Petersilie.

Lauch im Schlafrock

8 Stangen Lauch
8 Scheiben gekochter Schinken (etwas kürzer als die
    Lauchstangen)

2 Sardellen	1 Eßlöffel Petersilie
1 Eßlöffel Kapern	$^1/_4$ l Fleischbrühe
4 Eßlöffel Parmesan	1 Teelöffel Öl
2 Eßlöffel Semmelbrösel	Butterflocken

Die Lauchstangen werden in Stücke geschnitten, die so lang
sind wie die Bratreine (ca. 25 cm), in der sie gegart werden
sollen. In einer leichten Fleischbrühe kocht man sie zehn
Minuten weich. Es genügt völlig, wenn man den Sud aus
einem Suppenwürfel macht. Danach hält man die Lauchstangen warm und bereitet den Schinkenaufstrich zu.
Man belegt die dünnen Kochschinkenscheiben mit einem
Gemisch aus Semmelbröseln, gehackter Petersilie, feingeschnittenen Sardellen und Kapern. Damit die Masse gut
streichbar wird, gibt man noch etwas Öl dazu. Man wickelt
die Lauchstangen ein und gart sie im vorgeheizten Rohr (200
Grad) 25 Minuten lang in einer Reine oder Auflaufform. Die
Schinkenscheiben sind sozusagen die »Schlafröcke« für die
Lauchstangen. Damit sie nicht aufgehen, befestigt man sie
mit einem Zahnstocher oder einem Bindfaden. Wenn das
Gericht zehn Minuten im Rohr ist, bestreut man es reichlich
mit geriebenem Parmesankäse und setzt ein paar Butter-
flöckchen drauf. Nach weiteren zehn Minuten gießt man von
der Seite her eine halbe Tasse von dem Lauch-Sud zu.

Blumenkohl mit Eiersoße

1 großer Blumenkohl (ca. 1 Kilo)	1 Lorbeerblatt
Salzwasser mit Zitronensaft	3 Eidotter
3 Eßlöffel Weißwein	150 g Butter
3 Eßlöffel Wasser	1 Prise Salz
5 Pfefferkörner	1 Zitrone
1 Schalotte	Bereithalten: Eiswürfel

Den geputzten ganzen Blumenkohl legt man eine halbe
Stunde in Salzwasser, damit eventuell übersehenes Unge-

ziefer herausschwimmt und entfernt werden kann. Nach dem Waschen unter fließendem Wasser wird der Blumenkohl unzerteilt mit der Strunkseite nach oben in reichlich Salzwasser und Zitronensaft zehn Minuten gekocht, dann gewendet und etwa eine halbe Stunde lang fertiggekocht. Man stellt ihn warm, bis die Eiersoße fertig ist.

Zu dieser werden Wasser und Wein mit einer sehr feingehackten Schalotte, den Pfefferkörnern und einem kleinen Stück Lorbeerblatt so lange eingekocht, bis nur noch ein Drittel der Flüssigkeit im Topf ist. Diese gießt man noch lauwarm durch ein Sieb in ein Geschirr mit Griffen oder einem Stiel, das sich für ein heißes Wasserbad eignet. Darin wird die nun reduzierte Flüssigkeit mit 3 Eidottern so lange mit dem Schneebesen geschlagen, bis die Masse cremig ist. Die Soße darf nicht kochen. Sollte man das einmal übersehen, sofort ein wenig kaltes Wasser oder Eiswürfel hinzugeben! Nach dem Wasserbad schlägt man die Soße an einem warmen Ort (Herdrand) weiterhin mit dem Schneebesen und läßt gleichzeitig nach und nach die zerlassene und abgeschäumte Butter (= geklärte Butter) tröpferlweise einfließen. Abgeschmeckt wird mit Salz und Zitronensaft. Der Blumenkohl wird nun mit dieser Eiersoße überzogen und in einer mit Butter gefetteten Auflaufform im vorgeheizten Rohr bei 220 Grad 10 Minuten lang überbacken.

Kohlauflauf

1 Blumenkohl	$^1/_4$ Teelöffel Muskat
1 Pfund Rosenkohl	2 Eßlöffel kleingehackter Schnittlauch
125 g Kochschinken	125 g Emmentaler
10 Eier	2 Prisen Paprika
$^1/_8$ l süßer Rahm	2 Tomaten
2 Prisen Salz	

Den Rosenkohl und den in seine Röschen zerpflückten Blumenkohl bis zum »Biß« vorkochen. Dann kommt er in eine ausgebutterte Auflaufform, und darauf die Schinkenwürfel. Dann verkläppert man in einem Tiegel alle zehn Eier mit dem Rahm und den Gewürzen. Mit dieser Masse übergießt man den Inhalt der Auflaufform. Alles wird dann gleichmäßig mit Emmentaler-Würfeln bedeckt und mit Paprika gewürzt, damit der Auflauf beim Überbacken eine schöne Farbe bekommt. Am Rand der Form entlang werden Tomatenscheiben gelegt. Das Gericht wird im Ofenrohr bei 200 Grad eine Stunde gegart.

Krautkopf, gefüllt

1 fester großer Weißkrautkopf	3 Knoblauchzehen
1 Pfund Hackfleisch	2 Eßlöffel Petersilie
2 Eier	1 Zwiebel
30 g Stärkemehl	1 Eßlöffel Kümmel
2 Semmeln	100 g Champignons
1 Eßlöffel Salz	2 Tomaten
1 Prise Pfeffer	

Ein Weißkrautkopf wird so ausgehöhlt, daß ein etwa 3 cm dicker Rand bleibt. In einer Schüssel macht man sich die Füllung zurecht. Nach unten kommt das Hackfleisch, gemischt von Rind und Schwein. Darauf gibt man die vorher in Wasser eingeweichten und ausgedrückten Semmeln, dann die Eier, Salz, Pfeffer, Kümmel, zerdrückten Knoblauch, feingeschnittene Petersilie, das Stärkemehl und die Zwiebelwürfeln. Das alles rührt man fest durch. Tomatenachtel und kleine, aber ganze Champignonköpfe werden bloß noch vorsichtig untergehoben. Mit dieser Mischung füllt man den Krautkopf. (Sollte die Masse nicht ausreichen, kann man noch einen Teil des ausgehöhlten, gekochten Krautes dazutun.) Dann wickelt man den Kopf in ein Tuch, bindet zu und läßt ihn eine Stunde in leichtem Salzwasser kochen. Danach muß er noch für eine halbe Stunde ins Rohr. Dort gart er bei 175 bis 200 Grad zu Ende. Das ist ein Lieblingsgericht der Gäste vom Bergcafé »Bauer« in Tröstau.

Spinatpudding

80 g Butter	$^1/_2$ Teelöffel Salz
1 Zwiebel	$^1/_4$ Teelöffel Muskat
2 Eßlöffel Petersilie	3 Eidotter
1 Pfund Spinat	3 Eiweiß als Schnee
1 Kalbsbries	3 Semmeln

Die feingehackte Zwiebel und die Petersilie werden in Butter glasig gedünstet, dann gibt man den vorgekochten und pürierten Spinat sowie das gekochte und geschnittene Kalbsbries dazu. Nach dem Würzen nimmt man den Topf vom Herd und rührt die verkläpperten Eidotter darunter, anschließend wird der steife Ei-Schnee untergehoben und zum Schluß die in Milch eingeweichten und ausgedrückten Semmeln. Diese Masse gibt man in eine gut gefettete Auflaufform und läßt sie eine Stunde im Wasserbad pochieren. Das heißt, sie darf nicht mehr kochen, sondern bloß noch knapp unter dem Siedepunkt verweilen. Danach stürzt man die Kuchenform und bestaunt den dampfenden Spinatpudding.

Das Kalbsbries wird in einer Fleischbrühe mit einem Schuß Weißwein und einem Lorbeerblatt gekocht.

Tip vom Spargel-Ratsherrn
Ebenso berühmt wie der Wein um Volkach ist der dortige Spargel. Aber man muß wissen, wie man damit umgeht. Der Löwenwirt, der in der Saison große Mengen auf den Tisch bringt, gibt einige praktische Ratschläge: Spargel in Pfund-Pakete portionieren. Köpfe angleichen und unten die Stiele abschneiden. In Bindfaden einwickeln, fünf Minuten (zugedeckt) kochen und anschließend zehn Minuten (Deckel ab) ziehen lassen. Aber niemals, so der Löwenwirt, in reinem Salzwasser. Er kocht vorher die Schalen und sonstigen Abschnitte (natürlich gewaschen) 20 Minuten lang. Die Spargelstangen nur in solchem durchpassierten Sud kochen! Sie behalten dadurch voll und ganz ihr Aroma, was sie in reinem Wasser etwas einbüßen. Außerdem kommen ins Kochwasser eine Prise Salz und etwas Zucker.
Dazu zwei Kurzrezepte aus dem nicht minder berühmten Spargelgebiet um Schrobenhausen: Für einen Salat läßt man eine Portion gekochten Spargel gut abtropfen, legt die Stangen auf einen heißen Teller, würzt mit einem Hauch Meersalz und gibt zwei Eßlöffel Sherry-Essig und einen Teelöffel Traubenkern-Öl darüber.
Gut schmeckt auch Spargel in Rahm, mit Käse überbacken: Gekochten und abgetropften Spargel in eine Pfanne geben,

mit einem Viertelliter frischer Sahne übergießen und diese auf die Hälfte einziehen lassen. Man würzt leicht mit Salz und einem Teelöffel Zitronensaft und schwenkt kräftig durch. Dann nimmt man die Spargelportion aus der Pfanne, gibt sie in ein feuerfestes Serviergefäß, übergießt sie mit der reduzierten Sahne und streut 2 Eßlöffel geriebenen Allgäuer Bergkäse (oder Emmentaler) darüber. So kommt das Gericht etwa drei Minuten lang ins heiße Rohr. Bis dahin ist der Käse angeschmolzen und hat eine schöne goldbraune Farbe.

Spargel mit Gemüsestreifen (1 Person)

Zum Sud:
1 Pfund Spargel
$^1/_2$ l Wasser
1 Prise Salz
1 Spritzer Zitronensaft
$^1/_2$ Teelöffel Honig

100 g Butter
Salz, Zitronensaft

Streifengemüse:
je 1 Stück Gelbe Rübe,
Porree, Sellerie

Zur Soße:
$^1/_8$ l Spargelsud

Außerdem:
6 Flußkrebse

Eine Fernseh-Kochdemonstration der »Knofi-Chuchi« in Großgündlach. Dort steht die Spielwarenfabrik BIG (»die kennt a jeds Kind«). H. Betag ist sowohl Fabrikchef als auch Vorstand des Männerkochclubs, der in seiner Casinoküche tagt. Vom BIG-Boß und seinen Mannen stammt also dieses Rezept:

Der gut geschälte Spargel (er ist frisch, wenn er beim Schneiden etwas spritzt) kommt in heißes Salzwasser zusammen mit etwas Zitronensaft und Honig und wird zugedeckt bei milder Hitze zwanzig Minuten gegart.

Für die Soße kocht man die Hälfte des fertigen Spargelsuds, in unserem Fall etwa ein Viertelliter, in einem Tiegel auf ein Sechzehntelliter zusammen (reduzieren) und verschlägt darin nach und nach bröckerlweise die eiskalte Butter. Die allmählich entstehende cremige Soße soll nicht zu heiß werden. Abgeschmeckt wird mit Zitronensaft und Salz. Zum Schluß gibt man noch in etwas Fett und Wasser weichgedünstete Gemüsestreifen (Julienne) an die Soße, die über den im Teller angerichteten Spargel gezogen wird. Neben den Spargelköpfen

und Enden werden die Fleischteile von gesottenen Fluß-
krebsen gelegt. Beim BIG-Boß war's jedenfalls so.
Unser Rezept wurde diesmal für eine Person berechnet. Sie
brauchen also unsere Mengenangabe nur noch mit der Anzahl
Ihrer Gäste malzunehmen. Wie schon das kleine Lieserl zu
ihrer Lehrerin g'sagt hat: Mit'm malen tu i mi leichter wie
mit'm teilen!

Schwarzwurzelgemüse mit Schinken

800 g Schwarzwurzeln	200 g Schinken in Streifen
Essigwasser	40 g Butter
$^1/_2$ l Wasser	30 g Mehl
1 Prise Salz	$^1/_4$ l Sahne
Saft von 1 Zitrone	Salz, schwarzer Pfeffer, Muskat

Schwarzwurzeln muß man nach dem Bürsten und Abschaben
unter kaltem Wasser sofort in Essigwasser tun, damit sie nicht
braun werden. Die etwa 3 cm lang geschnittenen Stücke
werden dann in einem halben Liter Wasser, dem man Salz
und Zitronensaft beigemengt hat, eine halbe Stunde gekocht.
Von diesem Sud hebt man sich einen Viertelliter auf und löscht
damit die Einbrenne ab, die man aus Butter und Mehl bereitet
hat. Dann rührt man noch den Rahm darein und kocht das
Ganze fünf Minuten. Anschließend hebt man die Schinken-
streifen und die Schwarzwurzeln darunter. Abgeschmeckt
wird mit Salz, schwarzem Pfeffer und Muskat.

Schwammerl mit Wammerl

30 g Butter	1-2 Eßlöffel Mehl
1 Zwiebel	$^1/_8$ l Frankenwein
100 g geräuchertes Wammerl	$^1/_2$ Tasse Sauerrahm
2 Pfund Schwammerl (s. Rezept)	Salz, Pfeffer
Fleischbrühe nach Bedarf	1 Eßlöffel Petersilie

Im »Falken« in Mainbernheim in Unterfranken riecht's förm-
lich nach Wald. Nicht weil schon seit dem vorigen Jahrhundert die Jägers drauf sind, sondern weil solche auch gern
hier verkehren. Und wenn sich draußen im Wald Jäger und

Schwammerlsucher nicht besonders gut leiden können; im Falken am Wirtshaustisch essen sie gern gemeinsam ihr Schwammerlgmüs' auf fränkisch: Schwammerl mit Wammerl. Eine gute Zusammenstellung sind je zur Hälfte Reherl und Champignons. Letztere sollten von der Wiese kommen oder vom Keller, aber nicht aus der Dose. Kleine Pilze werden ganz belassen, größere schneidet man durch. Werden andere Schwammerl verwendet (Steinpilze, Maroni, Rotkappen, Butterpilze), tut man sie großwürfelig in die Pfanne, in der in Butter und feingehacktem Räucherspeck glasig geschwitzte Zwiebeln auf ihre Bekanntschaft warten. Je nachdem ob die Schwammerl während des Schmorens viel oder weniger Flüssigkeit ziehen, muß man mit Fleischbrühe nachhelfen, damit sie nicht anbrennen. Nach etwa einer Viertelstunde staubt man mit etwas Mehl, gießt mit einem kräftigen Schuß aus der Boxbeutelflasche auf, rührt sauren Rahm darunter, würzt erst jetzt, damit die Pilze nicht zäh werden und den frischen Petersilgeschmack mitkriegen. Zu diesem Schwammerl-gmüs' gibt's Semmelknödeln.

Kirschendatschi mit Gitter

Mürbteig aus:

300 g Mehl	1 Ei
150 g Butter	1 Pfund Kirschen
75 g Zucker	

Weil die Kirschen sehr süß sind, wird das Grundrezept für den einfachen Mürbteig angewendet, das mit der geringsten Zuckermenge auskommt. Alle Zutaten werden kalt auf der Arbeitsfläche zusammengeknetet. Den Teig eine Viertel-stunde kalt stellen, etwa fingerdick auswalken und das Back-blech damit belegen. Einen Teil des Teiges für das Gitter auf-heben. Die Kirschen gleichmäßig verteilen. Den Gitterteig dünn ausrollen und Streifen in Länge und Breite des Back-bleches ausschneiden oder radeln. Die Kirschen damit bele-gen. Backzeit: 40 Minuten bei 220 Grad. Den Kirschkuchen oder Datschi danach mit Puderzucker bestreuen.

Kirschenmichel

8 alte Semmeln	100 g Zucker
$^1/_2$ l Milch	3 getrennte Eier
75 g Butter	1 $^1/_2$ Pfund Kirschen

Die Semmeln werden blättrig aufgeschnitten, oder man verwendet Knödelbrot. Die lauwarme Milch eine halbe Stunde einziehen lassen. Zucker und Eidotter schaumig rühren und unter das aufgeweichte Semmelbrot mischen. Die Kirschen dazugeben und den Eischnee vorsichtig unter das Ganze heben. Obenauf kommen Butterflocken. Am günstigsten macht man den Teig gleich in der feuerfesten Form an. Backzeit: 40–45 Minuten bei 210 Grad.

Variante: Der Teig kann auch aus folgenden Zutaten bereitet werden: 4 getrennte Eier, $^1/_2$ l Milch, 1 Prise Salz, $^1/_2$ Pfund Mehl, 50 g Butter.

Kirschnudeln

1 Pfund Mehl	75 g Butter
30 g Hefe	2 Eidotter
$^1/_4$ l Milch	Backfett
1 Prise Salz	pro Nudel 2 bis 3 Kirschen
75 g Zucker	

In einer Tasse lauwarme Milch, 1 Teelöffel Zucker und die eingebröckelte Hefe verrühren und eine Viertelstunde zugedeckt warm stellen. Butter, Zucker und die Eidotter schaumig rühren und alles in einer Schüssel mit dem gesalzenen Mehl und dem gegangenen Dampferl aus der Tasse zu einem zarten Hefeteig verarbeiten. Mit dem Eßlöffel sticht man aus dem noch einmal eine Viertelstunde gegangenen Teig kleine Nudeln ab und formt sie auf bemehltem Backbrett semmelartig. Dabei füllt man sie mit 2 bis 3 Kirschen. Auf ein gut gefettetes Backblech oder in Reine (zerlaufene Butter) nebeneinander setzen. Zugedeckt nochmals kurz gehen lassen. Bei 190 Grad 30 Minuten backen.

Brotkuchen mit Kirschen

120 g Butter	180 g Schwarzbrotbrösel
200 g Zucker	6 Eier als Schnee
6 Eidotter	$^1/_8$ l Rotwein
Schale von $^1/_2$ Zitrone	1 Doppelstamperl Kirschwasser
1 Messerspitze Zimt	2 Pfund Kirschen
125 g Mandeln	

Butter und Zucker werden schaumig gerührt, dann kommen die Eidotter darunter und die Gewürze. Die Schwarzbrotbrösel, die man nun dazumengt, wurden vorher mit Rotwein und Kirschwasser getränkt. Zum Schluß werden der Eischnee und die nicht entkernten Kirschen untergehoben. Der Teig wird in eine gut ausgebutterte und mit Semmelbröseln ausgestreute Form gegeben und im vorgeheizten Rohr bei 180 Grad eine Stunde gebacken.

Flambierte Erdbeeren

2 Eßlöffel Butter
2 gehäufte Eßlöffel Zucker
2 Doppelstamperl Sherry
750 g Erdbeeren
2 Doppelstamperl Marillenschnaps

Auf dem Rechaud karamelisiert man in der Pfanne Zucker in Butter. Das gelingt nur bei ständigem Rühren mit dem Schneebesen. Wenn das Gemisch eine goldgelbe Farbe angenommen hat, löscht man mit Sherry ab und rührt flink weiter, damit sich keine Klumpen bilden können. Hat sich der Zucker ganz aufgelöst, gibt man die Erdbeeren in die Pfanne und beschöpft sie immer wieder mit dem Wein-Zuckergemisch. Gleichzeitig schwenkt man sie etwas hin und her und läßt sie heiß werden. In einem kleinen Pfännchen hat man inzwischen Marillen-(Aprikosen-)Schnaps erwärmt, dann angezündet, und mit dieser »lodernden Flamme« übergießt man die weintrunkenen Erdbeeren. Sobald das Feuerchen aus ist, vermengt man alles mit dem Löffel noch einmal und serviert. Am besten zu viel Eis für den, der darf!

Walderdbeeren-Sorbet

300 g Walderdbeeren	*3 Stamperl Erdbeerlikör*
200 g rote Johannisbeeren	*1 Stamperl Himbeergeist*
200 g Zucker	*$^1/_2$ l herber Frankenwein*

Sorbets sind fruchtige Erfrischungen. Dieses hier schmeckt dank der Walderdbeeren besonders aromatisch. Sind Sie auf den Eigenbau oder auf den Obstladen angewiesen, dann bereiten Sie sich ein Sorbet »Gärtnerin Art« nach dem gleichen Rezept zu. Die Früchte werden zusammen mit dem Zucker püriert und durch ein feines Sieb gedrückt, damit Körnchen und Häute zurückbleiben. Das Mark läßt man einmal aufkochen und erkalten. Dann verrührt man darin noch die angeführten alkoholischen Zutaten und gibt die Masse in ein metallenes (unbedingt wichtig!) Gefäß, das man ins Tiefkühlfach stellt. Man muß die gefrierende Creme etwa alle Viertelstunde kräftig mit dem Schneebesen durchschlagen. Der Lohn für Ihre »Rührseligkeit«, die Sie möglicherweise auf eineinhalb Stunden verteilen müssen, ist ein glänzendes, geschmeidiges Gefrorenes mit Pfiff, mit den Sie bei Ihren Gästen Ehre einlegen werden. Ein nicht gerührtes Sorbet bekommt Kristallstifte und sieht aus wie ein schlecht rasierter Igel am Montagvormittag. Sollten Sie eine Sorbetière besitzen, vergessen Sie bitte die »rührenden« Anmerkungen. Was da gesagt wurde, besorgt Ihre Kleinst-Eismaschine.

Windbeutel mit Erdbeersoße

Brandteig:

$^1/_4$ l Wasser	*$^1/_{10}$ l süße Sahne*
50 g Butter	*4 Eßlöffel Zucker*
1 Prise Salz	*1 Eßlöffel Vanillinzucker*
150 g Mehl	*1 Messerspitze Ingwerpulver*
4 Eier	

Quarkfülle:

Erdbeersoße:

400 g Sahnequark	*1 Pfund Erdbeeren*
3 Eidotter	*180 g Zucker*
	$^1/_2$ Teelöffel Zitronensaft

Für die Windbeutel braucht man einen Brandteig. Salz, Butter und Wasser läßt man in einem Topf aufkochen, schüttet das ganze Mehl hinzu und rührt so lange, bis sich ein Kloß bildet. Dann quirlt man die Eier nach und nach in den Kloß- teig, der glatt und glänzend werden muß. Man setzt kleine Häufchen (1 Eßlöffel) davon auf ein gefettetes und bemehltes Backblech. Bitte Abstand halten, weil sich diese Kugeln im Rohr mindestens um das Doppelte »aufblasen« (Backzeit: 30 Minuten bei 220 Grad; vorgeheizt). Die Windbeutel werden noch heiß aufgeschnitten (halbiert). Dann erkalten lassen. Für die Fülle rührt man den Sahnequark, die Eidotter und den Zucker schaumig, zieht die Sahne darunter und schmeckt mit Vanillinzucker und einer guten Prise Ingwer- pulver ab. Man kann die Füllung auch in die Windbeutel ein- spritzen, dann erspart man sich das Halbieren und Wieder- zusammensetzen des Gebäcks. Gut schmeckt zu den Wind- beuteln eine Erdbeersoße, die man sich aus frischen Früchten, Zucker und Zitronensaft zusammenquirlt.

Rhabarberkuchen

Hefeteig:	Belag:
30 g Hefe	$^1/_2$ l Milch
$^1/_8$ l Milch	50 g Stärkemehl
25 g Zucker	100 g Zucker
$^1/_2$ Pfund Mehl	$^1/_2$ Teelöffel Vanillinzucker
1 Prise Salz	100 g Butter
etwas Zitronenschale	3 Eier
$^1/_2$ Teelöffel Vanillinzucker	50 g geriebene Mandeln
50 g Butter	abgeriebene Schale von 1 Zitrone
1 Ei	600 g Rhabarber
etwas Backfett	2 Prisen Salz

»Kalt und weich macht den Bäcker reich«, sagte Manfred Riedel, der Chef der Stadt-Konditorei in Bad Kissingen, als er gerade den Hefeteig aus obigen Zutaten kalt mit den Händen auf dem Brett zusammenrührte. Dann hat er ihn eine Stunde lang »ruhen« und nicht »gehen« lassen. Erst dann wurde er, ausgerollt, aufs Kuchenblech gelegt, und am Rand ein wenig hochgezogen. Den Belag macht man am besten in einer Schüssel. Darin werden in Milch das Stärkemehl, Zucker und Vanillinzucker, Butter, Eier, Mandeln und Zitronenschale gut verrührt. Dann wird der in fingernagellange Stücke geschnittene und gesalzene Rhabarber untergehoben. Die Masse wird auf den Hefeboden verteilt und kommt ins vorgeheizte Rohr. Nach einer Backzeit von knapp einer halben Stunde bei 250 Grad ist der Rhabarberkuchen fertig.

Orangenkuppe

Biskuit-Rolle:	Creme:
5 Eidotter	4 Eidotter
150 g Zucker	120 g Zucker
5 Eiweiß als Schnee	Schale von 2 Orangen, abgerieben
100 g Mehl	Saft von 3 Orangen
50 g Stärkemehl	1 Stamperl Orangenlikör
250 g Orangenmarmelade	8 Blatt Gelatine
etwas Backfett	$^1/_2$ l Schlagrahm

Das Biskuit-Verfahren im Schnellgang: Eidotter und Zucker schaumig rühren, Eischnee darauf geben, Mehl unterziehen. Auf Backblech gefettetes Pergamentpapier legen, darauf die Masse verstreichen, 10 bis 12 Minuten bei 220 Grad hellgelb backen. Danach sofort Blech umstürzen, Pergamentpapier abziehen, Biskuit mit Marmelade bestreichen, rollen.

Und jetzt beginnt unser Rezept: Man schneidet die Biskuitrolle in so viele dünne Scheiben, daß man damit eine Glasschüssel auslegen kann und für die Abdeckung noch was bleibt. Die Schüssel wird nämlich mit einer Creme gefüllt. Für sie schlägt man über dem Wasserbad 4 Eidotter, 120 g Zucker und das Abgeriebene der Schalen von zwei Orangen schaumig, dann gießt man den Saft von drei Orangen und 1 Stamperl Orangenschnaps dazu, gibt nacheinander die vorher in kaltem Wasser eingeweichten und ausgedrückten Gelatineblätter hinein und rührt noch einmal alles schaumig auf. Dann zieht man den Schlagrahm darunter und füllt mit dieser Masse die mit Biskuitscheiben ausgelegte Schüssel. Mit den verbliebenen Gebäckschnitten deckt man die Creme ab. Sie ist nach fünf Stunden im Kühlschrank so steif, daß sie sich samt Biskuitverpackung aus der Schüssel stürzen und als Orangenkuppe bewundern läßt.

Lebkuchenfiguren

1 Pfund Honig	**Für die Glasur:**
200 g Zucker	200 g Puderzucker
$^1/_4$ Teelöffel Nelken	1 Eiweiß
1 Teelöffel Zimt	
1 Ei	**Zur Verzierung:**
1 Pfund Mehl	Mandeln
1 Päckchen Backpulver	Haselnüsse
	Weinbeerl

Man gibt den erhitzten Honig in eine Schüssel und verrührt darin den Zucker, die Gewürze, das Ei und ein Drittel des mit dem Backpulver vermischten Mehls. Dann geht die Arbeit auf dem Nudelbrett weiter. Darauf macht man mit dem übrigen Mehl einen Kranz, tut den Inhalt der Schüssel hinein und vermengt und knetet alles zu einem festen Teig, der einen halben Zentimeter dick ausgewalkt wird. Daraus schneidet oder sticht man mit Formen Christbaumfiguren, die auf dem Backblech im Rohr bei Mittelhitze braun gebacken werden. Nach dem Erkalten kann man sie beliebig verzieren. Die Lebkuchen halten sich, ordentlich verpackt, über ein Jahr.

Mandelbrote

Ein Bäckerrezept aus Giebelstadt, der Heimat des Bauernführers Florian Geyer. Wenn's nach dem dortigen Meister Scheckenbach geht, hätte dieses Lebkuckengebäck bereits dem Lokalpatrioten aus dem 16. Jahrhundert geschmeckt. Denn die Zutaten stehen in einem uralten Buch, nach dem aber heut noch gebacken wird. Mögen S' eine Kostprobe?

150 g Mandeln	$^1/_4$ Teelöffel Hirschhornsalz
300 g Blockschokolade	1 Eßlöffel Honig
$^1/_4$ Teelöffel Salz	1 Pfund Mehl
je 3 g Zimt, Kardamom	
und Vanillinzucker	**Zum Belegen:**
8 Eier	ca. 30 halbe Mandeln
1 Pfund Zucker	etwas Eiweiß

In einer Schüssel vermischt man die feingeraspelten Mandeln und die geriebene Blockschokolade mit dem Mehl und den Gewürzen. Das ist zunächst noch eine trockene Angelegenheit. In einer zweiten Schüssel geht's feucht zu: Darin werden die acht Eier mit dem Zucker schaumig gerührt, dann kommen das Treibmittel Hirschhornsalz (auf gut deutsch: Ammoniumkarbonat) und ein Löffel voll Honig hinzu. Jetzt vermengt man die Zutaten aus beiden Schüsseln auf dem Nudelbrett miteinander und knetet und schlägt daraus einen festen Teig. Als Halbkugel geformt läßt man ihn drei Stunden im Kühlschrank ruhen. Nach dieser Zeit entnimmt man den Teig nach und nach runde Bällchen (semmelgroß) und rollt aus diesen Stränge, die knapp so lang sind wie das (eingefettete) Backblech breit ist. Ungefähr ein Dutzend solcher Teigwürste hat auf einem Blech Platz, wenn man sie auf dessen Breitseite legt und einen kleinen »Sicherheitsabstand« zueinander beläßt, weil das Backwerk etwas ausläuft. In einem Abstand von etwa 2 cm belegt man die mit Eiweiß dünn bestrichenen Stränge mit halbierten Mandeln. Die Backzeit im vorgeheizten Rohr beträgt 12 bis 14 Minuten bei 180 Grad. Man schneidet dann das Gebäck schräg oder gerade durch, so daß kleine, etwa daumenbreite »Magenbrote« mit einem Mandelkern in der Mitte entstehen. Ein Weihnachtsgebäck, das sich noch weit über den Heilig-Drei-Könige-Tag hält.

Karpfenkoteletts

1 Karpfen (etwa 2 $^1/_2$ Pfund)	Mehl
3 Eßlöffel Butter	2 Zitronen
1 Zwiebel	$^1/_4$ l saurer Rahm
1 Lorbeerblatt	gut $^1/_8$ l Schlagrahm
Salz, Pfeffer	100 g Soßenlebkuchen

Vom Karpfen den Kopf und das Schwanzteil abtrennen und für eine Fischsuppe verwenden. Den so hergerichteten ausgenommenen Fisch (jetzt knapp 2 Pfund) in vier Tranchen schneiden. Das Rückgrat bleibt daran.

In einem gut ausgebutterten Tiegel schwitzt man eine in Scheiben geschnittene Zwiebel mit einem zerdrückten Lorbeerblatt glasig an. Inzwischen werden die Fischtranchen gut gesalzen, gepfeffert und in Mehl gewendet. Sie kommen nun in den Topf und müssen mit den Zwiebeln im vorgeheizten Rohr bei 180 Grad etwa fünf Minuten durchziehen. Danach werden die Fischteile herausgenommen und warm gestellt.

Nun geht es weiter mit der Soße: In den Tiegel kommen der Saft von 2 Zitronen, $^1/_4$ l saurer Rahm, $^1/_8$ l Schlagrahm und je eine Prise Salz und Pfeffer. Das wird alles gut verrührt. In die heiße, aber nicht kochende Soße werden dann die Fischtranchen gegeben. Auf jede Tranche kommt eine Scheibe Soßenlebkuchen und darauf je eine Butterflocke. Bei mittlerer Hitze wird das Gericht im Rohr fertiggegart (15-20 Minuten). Man verteilt den Fisch auf vorgewärmte Teller, dickt die Soße noch mit einem Löffel Butter und Schlagrahm ein und überzieht damit die Tranchen.

Geräucherter Karpfen (2 Personen)

Dazu brauchen Sie einen Räucherofen, den es im Fachhandel zu kaufen gibt. Die Fische liegen auf einem Rost im Räuchertopf, darunter ist pulverisiertes Holz auf einem Blech verstreut, das durch eine Spiritusflamme »ein Stockwerk drunter« so sehr erhitzt wird, daß es raucht. Der Räucherofen läßt sich mit einem Deckel verschließen. Das Räuchermehl kann man in verschiedenen Holzarten (z. B. Buche, Wacholder) kaufen oder sich selbst raspeln. In einem üblichen Haushalt-Räucherofen ist grade schön Platz für einen in zwei Hälften geschnittenen Aischgründer Portionskarpfen (gut 1 Kilo). Der Fisch wird vorher eine Stunde in leichtes Salzwasser eingelegt, abgerieben und dann noch mindestens 5 Stunden luftgetrocknet. Man reibt ihn nur innen mit Fischgewürz ein und legt die beiden Hälften mit der Fleischseite nach unten auf den Rost. Portionskarpfen brauchen 20 Minuten, bis sie durchgeräuchert sind. Im Postgasthof »Goldener Hirsch« in Emskirchen zwischen Nürnberg und Würzburg gibt's dazu eine Sauerrahmsuppe. Hernach kann man von hier aus eine Verdauungsfahrt per Kutsche unternehmen. Sie führt durch den schönen Aischgrund, und man sollte dabei schon Ausschau nach dem nächsten lebfrischen Karpfen halten.

Forellenklößchen

Dieses Rezept ist für alle Fische anwendbar, also auch für See-
und Weißfische. Das Rückgrat und die Brustgräten müssen immer entfernt werden, kleine Gräten fallen dem Mixer
zum Opfer. Am günstigsten ist es, wenn man gleich Fischfilets einkauft.

2-3 Portionsforellen	**Zur Soße:**
¹/₄ l süßer Rahm	*20 g Butter*
40 g Butter	*2 Eßlöffel gehackte Zwiebeln*
1 Ei	*¹/₈ l Frankenwein*
Salz, Pfeffer, Muskat	*¹/₄ l süßer Rahm*
gehackter Dill	*Salz, Pfeffer*
1 Schuß Frankenwein	*Fischfond*

Die enthäuteten Filets (ca. 400 g) schneidet man in Stücke und
dreht sie entweder zweimal durch die feine Scheibe des
Fleischwolfs oder gibt sie in den Mixer. Außerdem rührt
man nacheinander noch Butter, Rahm, ein Ei und die Gewürze in das Fischpüree. Man läßt die Masse etwas ruhen und
sticht dann mit dem Eßlöffel in Bayern Knöderl, in Franken
Klöß' und in Österreich Nockerl heraus. Sie werden in leicht
kochendem Salzwasser zwanzig Minuten gegart.
Für die Soße schwitzt man gehackte Zwiebeln in Butter glasig
an und löscht mit Frankenwein ab. Vom Fischsud, aus Gräten,
Kopf, Schwanzstück, Flossen mit Wurzelwerk und etwas
Essig zubereitet, gießt man ein bis zwei Schöpflöffel voll dazu
und kocht alles gut durch. Zum Schluß rührt man noch süßen
Rahm darunter. − Die Klößchen werden mit Salzkartoffeln,
Tomatenvierteln und grünem Salat serviert. Man trinkt herben Frankenwein dazu, zumindest im Landgasthof »Peter-
hof« in Lehendorf in der Hersbrucker Schweiz.

Kräuterbutter in Forellen

Sie haben richtig gelesen. Die Fisch' werden mit Butter voll-
gestopft, was reingeht, und sind nicht einmal aufgeschnitten.
Dieses Kunststück bringt der Wirt vom Riemenschneiderhaus
in Würzburg fertig. Er hat die Eingeweide über die Kiemen

entfernt und anschließend die Forellen gut mit Wasser ausge-
spült. Die Kräuterbutter ist hausgemacht. Es sind in ihr
– feinstgewiegt – verdrückt: Schnittlauch, Petersilie, Sauerampfer, Kresse und Dill. Die Forellen werden mit Salz und
Pfeffer eingerieben, fein bemehlt, mit Öl betupft und auf
jeder Seite sieben Minuten gebraten. Danach füllt man sie von
der Kiemenöffnung her mit der Kräuterbutter und serviert sie
sogleich.

Flugente mit Wirsing und Klöß

Flugenten heißen so, weil sie nicht davonfliegen. Sie haben
eine große Warze am Schnabel, sind als Kleine häßliche Ent-
lein, als Erwachsene in der Bratreine eine Delikatesse. Man
hat sie aus Haus- und Stockenten gekreuzt. Viel Fleisch,
wenig Fett, kein Wildgeschmack. Das sind Merkmale, die
Köchinnen schätzen. So die Chefin des Hotels »Gondel« in
Altenkunstadt in Oberfranken.

1 Flugente (5 Pfund)	*2 ganze Äpfel*
Salz, Pfeffer	*$^3/_4$ l Wasser*
Beifuß	

Die bratfertige Ente wird innen und außen gut mit einer Salz-
Pfeffermischung eingerieben und mit zwei mittelgroßen
Äpfeln und einem Sträußl Beifuß gefüllt. Man legt sie mit der
Brustseite nach unten in das Gargefäß (hier war es ein Bräter)
und gießt einen Viertelliter heißes Wasser zu. Man läßt die
Ente zugedeckt eine halbe Stunde im vorgeheizten Rohr bei
220 Grad braten. Dann nimmt man den Deckel ab und brät
offen weiter. In der folgenden halben Stunde gießt man seitwärts heißes Wasser zu und beschöpft die Ente mehrmals mit
dem Bratensaft. Dann wird sie umgedreht und nochmals eine
halbe Stunde gebraten. Es wird so lange zugegossen, bis das
Wasser verbraucht ist. Immer wieder beschöpfen. Die fertige
Ente wird mit kaltem Salzwasser oder Bier bepinselt und noch-
einmal fünf Minuten bei 240 Grad knusprig gebräunt. Man
nimmt das Fleisch heraus und macht die Soße fertig. Die Ente
dabei gut warm stellen (auf Rost oder Platte im abgeschal-
teten Rohr).

Im Bräter wird durch Zugießen von etwas heißem Wasser der Fond abgelöst und gut verrührt. Man kann die Soße auch noch durch ein Mehlteigerl strecken und sämig machen. Sie wird gesondert zum Entenbraten gereicht. Die Äpfel aus der Füllung kann man als Mus servieren.

Die Beilagen: **Wirsinggemüse**
Von einem festen Wirsingkopf entfernt man den Strunk, kocht die Blätter in Salzwasser weich, hackt sie oder treibt sie durch den Fleischwolf. Aus Fett und Mehl bereitet man eine helle Einbrenne, gießt sie mit etwas Fleischsuppe auf und dünstet damit den Wirsing gar. Gewürzt wird mit Salz und Muskat. Man kann das Gemüse auch noch mit süßem Rahm verfeinern.

Halbseidene Klöß

Man preßt zwei Pfund gekochte heiße Kartoffeln durch und vermengt sie mit 200 g Stärkemehl und einer Prise Salz. Gut $^1/_4$ l heiße Milch darübergießen, vermischen und Knödel formen. In die Mitte der Klöß einige abgeröstete Brotwürferl geben. 20 Minuten in Salzwasser garen.

Gefülltes Geißkitz

Die ersten Handgriffe sollte man dem Metzger überlassen, der den Rumpf entbeint, so daß man später daraus schöne Scheiben schneiden kann. Schlegel und Schulter braucht man für ein anderes Gericht. Lassen Sie sich den Rumpf wie einen Sack zunähen.

Für die Füllung:

800 g Knödelbrot	*125 g Butter*
Milch	*Muskat*
1 Kilo Kalbfleisch	*Thymian*
1 Pfund Kitzleber	*Salz, Pfeffer*
5 Eier	*Röstgemüse*
2 Strauß Petersilie	*Fleischbrühe*
2 Zwiebeln	

Das Knödelbrot wird in Milch eingeweicht und ausgedrückt. So kommt es in die Schüssel, in der die Füllung zusammenge-

47

mischt wird: Kalbfleisch und Kitzleber, die man durch die mittelgroße Scheibe des Fleischwolfs gedreht hat, Eier, in Butter angeschwitzte Zwiebeln und Petersilie (grobgehackt) und die Gewürze. Sollte ein Geiskitz kein Pfund Lebergewicht auf die Waage bringen, soll man mit Kalbsleber strecken. Beim Würzen kann man bei dieser Menge nicht mehr mit »Prisen« anfangen: da braucht man schon eine kleine »Handvoll« geriebenen Thymian und Muskat, Salz und Pfeffer aus dem Teelöffel. Das gefüllte Geißlein wird zugenäht und kommt in die Reine. Eine Wirtin hat vielleicht eine so große, eine Hausfrau wohl kaum. Am besten, man bringt es zum Bäcker oder Metzger. Die sind für solche Braten eingerichtet. Das Geißlein wird im üblichen Röstgemüse (Zwiebel, Gelbe Rüben, Sellerie, Petersilie; alles grobgeschnitten) einteinhalb Stunden bei 220 Grad gegart. Man muß immer wieder aufgießen. Im Würzburger Ratskeller steht ein gefülltes »Gaßla« hin und wieder auf der Speisenkarte, wenn es nicht vorher schon die Stammtischrunde verschnabuliert hat. Die ist nämlich anfällig für so was.

Lammkeule mit Gemüse (8 Personen)

> *1 Lammkeule (ausgelöst, ca. 3 Pfund)*
> *je 1 Pfund Rosenkohl (ganz)*
> *Gelbe Rüben (dicke Scheiben)*
> *weiße Rübchen (ganz)*
> *kleine Zwiebeln (ganz)*
> *Sellerie (große Würfeln)*
> *1 Teelöffel Salz*
> *12 Pfefferkörner*
> *1 Messerspitze Thymian*
> *2 Lorbeerblätter*
> *³/₄ l Weißwein (Riesling)*
> *Wasser nach Bedarf*
> *gehacktes Grünzeug*

Die Lammkeule wird eine Dreiviertelstunde mit den Gewürzen in dem Wein und in so viel Wasser gekocht, daß sie bedeckt ist. Dann wird sie warm gestellt. Anschließend gart man in demselben Sud das vorbereitete Gemüse. Das dauert

48   *Schweinslende im Brotmantel, Rezept Seite 54*

etwa 20 Minuten. Es soll noch einen »Biß« haben. Vor dem Auftragen streut man gehacktes Grünzeug darüber. Die Lammkeule wird in Würfel geschnitten und mit dem Gemüse vermischt. So entsteht eine Art Lamm-Pichelsteiner, eine Rhöner Spezialität vom »Stern« in Bad Brückenau.

Knoblauchshas'

Man verwendet die Schlegel, die Schultern und den Rücken. Vorderläufe, Bauchlappen und Rippen tut man für Hasenragout beiseite. Die Hasenteile werden vor dem Beizen mit einem scharfen Messer enthäutet. Die Marinade besteht aus $^1/_2$ l Wasser, genau so viel Rotwein, einigen Wacholderbeeren, einem Lorbeerblatt und einer Zwiebel. Alte Hasen müssen über Nacht das »Säurebad« nehmen, bei jüngeren genügen drei Stunden.

2 Eßlöffel Schweineschmalz	3 Knoblauchzehen
1 Lorbeerblatt	1 l Marinade
12 zerdrückte Wacholderbeeren	$^3/_8$ l Rotwein
3 Nelken	

Die Fleischteile werden im Topf scharf angebraten, dann löscht man mit einem Viertelliter der Marinade und einem Achtel Rotwein ab. Man gibt die Gewürze hinzu und kocht den Hasen insgesamt eineinhalb Stunden. Dabei bleibt der Deckel zu, außer man gießt gerade mit dem Rest der Beize und noch einem Achtel Rotwein nach und nach auf. Der Knoblauch kommt durchgedrückt in den Tiegel. Als Beilage gibts beim Bammes in Buch kernig gekochte Gemüsestreifen, und zwar Gelbe Rüben, Sellerie und Lauch. Sie wurden in Schweineschmalz angeschwitzt und in Weißwein kernig gekocht. Zum Abschmecken verwendet man nach Geschmack und Bedarf Salz, Pfeffer und, wie hier: Knoblauchsöl. Das ist Salatöl, in dem Knoblauchzehen eingelegt werden. Weiter gibt's dazu: Kartoffelkroketten, mit Preiselbeeren gefüllte Bratäpfel und Blaukraut.

Topfenpalatschinken, Rezept Seite 73   49

Stallhase in Mangold

1 Stallhase	**Beilage:**
1 Knoblauchzehe in 1 Eßlöffel Öl	*1 Pfund Schwarzwurzeln*
Salz	*1 l Wasser mit 1 Prise Salz*
50 g Butter	*2 Eßlöffel Essig*
8 Mangoldblätter	*1 Eßlöffel Butter*
Wurzelwerk	*2 Eßlöffel Mehl*
¹/₄ l Fleischsuppe	*1 Eidotter*
Salz, Pfeffer	*3 Eßlöffel süßer Rahm*
1 Spritzer Zitronensaft	*1 Spritzer Zitronensaft*
3 Eßlöffel saurer Rahm	*Grünzeug*

Den Hasen in acht Teile zerlegen: 2 Schultern (Schäuferl),
2 Schlegel (Keulen); den Rücken mit den Filets quer in 4 Teile
schneiden. Vorderläufe, Hals, Bauchlappen mit Rippen für
ein Hasenragout aufheben. Die leicht gesalzenen Hasenteile
pinselt man mit Knoblauchöl ein und brät sie rundum im
Tiegel hellbraun an, und zwar in Butter. Inzwischen schneidet man sich acht Mangoldblätter in Größen zurecht (Strunk
heraus), die zum Einwickeln der Hasenteile passen. Das angebratene Fleisch mit dem Mangoldmantel kommt nun aus dem
Tiegel und wird kurz warm gestellt. Dafür kommt jetzt grob-
geschnittenes Wurzelwerk zu dem Bratenfond: 2 Gelbe
Rüben, ein Stück Sellerieknolle, eine Stange Lauch, eine
kleine Petersilwurzel. Wenn dies angeröstet ist, wird mit
warmer Fleischsuppe abgelöscht, einmal aufgekocht und mit
Salz und Pfeffer gewürzt. Dann kommen die Hasenteile dazu
und werden in den Mangoldblättern 20 Minuten im Rohr
fertig gegart. Sie sollen nur noch ziehen.
Danach bereitet man die Soße zu (Fleischteile wieder warm
stellen). Der Bratenfond im Tiegel wird durchpassiert, mit
etwas Sauerrahm verrührt und mit Zitronensaft und eventuell
mit Salz und Pfeffer abgeschmeckt.
Als Beilage gibt es Schwarzwurzelgemüse. Die in eine Länge
von 3 cm geschnittenen geschälten Wurzeln kocht man etwa
dreißig Minuten in Salz-Essig-Wasser, damit sie schön weiß
bleiben. Dann werden sie mit einer Soße überzogen: Aus
Butter und Mehl eine helle Einbrenne machen, mit einem
Viertelliter des Schwarzwurzelsuds ablöschen, süßen Rahm

und 1 Eigelb dazurühren, ebenfalls feingehackte Petersilie und mit Zitronensaft und Salz abschmecken.

Stallhasen kann man das ganze Jahr über kaufen. Die Erntezeit für Mangold ist im Juni/Juli. Schwarzwurzeln sind ein Wintergemüse; die stets greifbare Dosenware schmeckt sehr gut.

Winzer-Pfanne

Bei der Weinlese hat die Arbeit den Vorrang gehabt. Zum Essen hat man sich da nicht zu viel Zeit genommen. Dennoch hat man satt werden müssen. Mit der Winzerpfanne hat man das geschafft.

1 Pfund Kartoffeln	*1 Teelöffel Majoran*
200 g Wammerl	*1 Ei*
1 Zwiebel	*2 Eßlöffel Kondensmilch*
Salz	

Das in kleine Würfel geschnittene geräucherte Wammerl wird in der Pfanne ausgelassen. Dann werden die kleingehackten Zwiebeln dazugegeben und angebräunt. Danach kommen die in Scheiben geschnittenen kalten Kartoffeln vom Vortag hinzu. Alles wird mit dem Backschäuferl hin und wieder gewendet, bis schön goldgelb gebratene Kartoffeln in der Pfanne sind, die mit Salz und Majoran gewürzt werden. Zum Überbacken werden sie in eine feuerfeste Form umgefüllt. Man überzieht sie mit einem in Kondensmilch verquirlten Ei und gart sie im Rohr 4 bis 6 Minuten fertig. Das Gericht wird in der Backform serviert und mit gehackter Petersilie bestreut. Dazu gibt's grünen Salat. Meisterkoch Willi Nenninger vom »Kissinger Kindl« in der Rhön verlangt keinen Winzer-Ausweis, wenn man diese Pfanne bestellt.

Gefülltes Schweinsfilet und Schwarzwurzeln

1 Schweinsfilet	Salz, Pfeffer
300 g Brät	1 Lorbeerblatt
1 Semmel	$^1/_4$ Teelöffel Kümmel
1 Gelbe Rübe	$^1/_2$ l Fleischbrühe
1 Porreestange	$^1/_4$ l Sahne
1 Zwiebel	1 Schuß Weißwein
2 Eßlöffel Schweinefett	

In ein großes Schweinsfilet macht man einen Längsschnitt
und dehnt diesen mit dem Kochlöffel gut aus, damit das Brät
Platz hat. Es ist gemischt aus Schweine- und Kalbfleisch,
außerdem ist eine eingeweichte und ausgedrückte Semmel mit
dabei. Das Brät ist nach Geschmack vorgewürzt und wird mit
dem Spritzbeutel in das Filet gefüllt. Die »Wunde« wird
vernäht oder zugesteckt, und so kommt das Fleisch zu dem
grobgehackten Wurzelwerk in die Reine. Es wird im vorgeheizten Rohr in Schweinefett bei 200 Grad 25 Minuten
gebraten und dabei einmal gewendet. Für die Zubereitung der
Soße nimmt man das Filet aus der Reine, gießt mit guter
Fleischbrühe auf, würzt mit Lorbeerblatt, Kümmel, Salz und
Pfeffer, gibt noch einen Schuß Bocksbeutel dazu und läßt alles
zehn Minuten kochen. Zum Schluß wird die Sahne eingerührt, die aber nicht mehr kochen darf. Nebenher wird das
Schwarzwurzelgemüse zubereitet:

3 Pfund Schwarzwurzeln	1 Schuß Weißwein
$1^1/_2$ bis 2 l Wasser	Salz
2 Prisen Salz	Muskat
1 Prise Zucker	2 Eidotter
30 g Butter	$^1/_8$ l süßer Rahm
2 Eßlöffel Mehl	1 Schuß Zitronensaft
50 g Butter	

Die geschälten Schwarzwurzeln werden in Essigwasser
gelegt, bis man sie braucht. So behalten sie ihre weiße Farbe.
Man schneidet sie in fingerlange Stücke und kocht sie in Salzwasser, dem eine Prise Zucker und ein Stück Butter beigegeben wurde, zugedeckt 25 Minuten. In einem anderen Topf
macht man eine helle Einbrenne, löscht mit 3 bis 4

Schöpflöffeln aus dem Wurzelsud ab, gibt einen Schuß herben Frankenwein dazu, würzt mit Salz und Muskat und läßt alles gut kochen. Zum Schluß rührt man die Legierung ein, die aus zwei in Rahm verquirlten und mit einem Spritzer Zitronensaft gewürzten Eidottern besteht. Diese Soße wird unter die fertigen Schwarzwurzeln gezogen.

Schweinsfilet im Kräutermantel

4 Filets zu je 160 bis 180 g
1 Schweinenetz
Salz, Pfeffer
scharfer Senf
etwas Bratfett

Grünzeug:
40 g Petersilie
4 Zweige Majoran
4 Blatt Salbei
2 Blatt Liebstöckl (Maggikraut)
Je 10 g Thymian, Basilikum, Estragon, Kerbel

Die Filets werden mit Salz und Pfeffer eingerieben und dick mit scharfem Senf bestrichen. So wälzt man sie in der Kräutermischung und wickelt sie dann in ein Schweinenetz. Das gibt es bei jedem Metzger, der selbst schlachtet. Das Netz hält im Schweinebauch den Magen und die Därme zusammen. Sein Gewebe ist mit dicken Fettadern durchzogen. Aus einem ganzen Netz kann man leicht die vier hier benötigten Stücke schneiden. Das grün bemäntelte und »eingeschnürte« Fleisch kommt nun in die Pfanne zu ganz wenig zerlassenem Fett, weil sich solches ohnehin aus dem Netz brät. Die Filets werden rundum scharf angebräunt und kommen dann ins auf 220 Grad vorgeheizte Rohr und werden dort 8 bis 10 Minuten fertig gebraten. Die Soße wird aus dem Bratfond gezogen. Man tut die Filets beiseite, löscht mit etwas Rotwein ab, läßt kurz einkochen, schlägt ein Stück Butter (20 g) dazu, verrührt bis zum Aufschäumen und gibt die Soße gesondert zu den Filets. Als Beilagen passen Kohlrabi, Gelbe Rüben und Rösti aus rohen Kartoffeln.

Schweinslende im Brotmantel

3 Kilo Zwiebeln
200 g Butter
1 Kilo Schweinslende

Salz, Pfeffer, Kümmel
1 Kilo Schwarzbrotteig
Mehl

Man besorgt sich beim Bäcker Schwarzbrotteig, den man auf einer gut bemehlten Arbeitsfläche auswalkt. Er soll etwa daumendick werden und so lang und breit, daß man das Lendenstück schön einwickeln kann. Auf diesen Teigmantel verteilt man die geschnittenen Zwiebeln, die in Butter glasig gedünstet wurden und inzwischen abgekühlt sind. In die Mitte legt man das Fleisch. Es wurde kräftig gewürzt mit Salz, Pfeffer und viel ganzem Kümmel. Einrollen und, wo nötig, gut andrücken und bei 200 Grad im Rohr eine Stunde backen.

Gewürzfleisch

1 Rinderlende (800 g)
Salz, Pfeffer
1 Teelöffel mittelscharfer Senf
Mehl
2 Eßlöffel Öl
50 g Butter
1 Zwiebel

2 Teelöffel Paprikaschoten
1 Doppelstamperl klarer Schnaps
je 2 g Kümmel, Majoran,
edelsüßer Paprika, Schnittlauch
$^{1}/_{4}$ l herber Frankenwein
$^{1}/_{4}$ l süßer Rahm

Ein altes Rezept aus der Gegend um Erlangen. Der Chef vom »Altstädter Schießhaus« (hier findet die Erlanger Kirchweih statt) zelebriert das Finale vor den Gästen.

Die absolut magere Lende wird in fünf Scheiben und diese wiederum in fingerdicke Stücke geschnitten. Sie werden gewürzt, mit Senf eingestrichen, mehliert und in kochend heißem Öl vier Minuten unter öfterem Wenden gebraten. Dann nimmt man sie heraus und stellt sie warm. In derselben Bratpfanne wird sofort die Soße zubereitet: Man läßt die Butter zerlaufen und dämpft darin Zwiebel- und Paprikaschotenwürferl weich. Nach dem Abflambieren mit klarem Schnaps kommen die Gewürze dazu und man läßt so lange schmoren, bis fast kein Saft mehr vorhanden ist. Dann wird mit Weißwein abgelöscht und mit Sahne aufgefüllt. Diese Soße soll bis zur Hälfte einkochen.

Gefüllte Rebhühner

	Füllung:
4 Rebhühner	80 g Butter
4 Speckscheiben à 80 g	1 Zwiebel
1 Zwiebel in Vierteln	die Geflügelleber
1 Gelbe Rübe	100 g Schweineleber
1 Stück Sellerie	3 Semmeln als Knödelbrot
1 Lorbeerblatt	1 Ei
1 Dutzend Wacholderbeeren	1 Eßlöffel Petersilie
1 Thymianzweig	Salz, Pfeffer
$^1/_4$ l Rotwein	Muskat
$^3/_8$ l Fleischbrühe	
2 Teelöffel Stärkemehl	
4 Eßlöffel saurer Rahm	

Für die Füllung wird eine Zwiebel gehackt und in Butter glasig gedünstet. Dann kommt die feingewiegte Leber dazu, wird gut durchgeschwenkt und anschließend aus der Pfanne in eine Schüssel gegeben, in der man die Masse mit Knödelbrot, Ei, Petersilie und den Gewürzen vermengt. Fällt der Teig zu bröckelig oder zu fest aus, kann man mit etwas Milch ausgleichen. Nach dem Füllen werden die Rebhühner zugesteckt, mit rohen Speckscheiben umwickelt und »verschnürt«. So legt man sie in die Reine, seitlich davon das Wurzelwerk und die Gewürze. Nach einem zehnmünütigen scharfen Anbraten löscht man mit Rotwein ab, nach weiteren zehn Minuten werden die Rebhühner gewendet und mit Fleischbrühe übergossen. Diese wird aber nicht auf einmal verbraucht, sondern nach und nach bei Bedarf. Nach 35 Minuten befreit man die Vögel von ihrem Korsett, entfernt den Bindfaden, legt die Speckscheiben in die Reine und brät die Rebhühner noch zehn Minuten schön braun. Dann stellt man sie warm, verdickt die Soße mit Stärkemehl, verfeinert sie mit saurem Rahm, passiert sie durch und gibt sie gesondert zu dem Geflügel.

Beilagen: Weinkraut mit Trauben und ein Kartoffelpüree als Soßenschlucker. So kriegt man Rebhendl im Gasthof »Grob« in Alitzheim am Steigerwald.

Wenn was abgeht . . .

. . . finden Sie Ihr Lieblingsgericht in
»Bayerische Schmankerlküche«: Elisenlebkuchen S. 117 −
Hochzeitsknödel S. 74 − Warmer Spargelsalat S. 91 − Stollen
S. 110 − Wildschwein S. 50 − Zwiebelkuchen S. 119.
»Bayerische Schmankerl fürs ganze Jahr«: Bauernbrat-
würscht S. 128 − Nürnberger Gwerch S. 60 −
Hochzeitssuppe S. 40 − Kartäuserklöß S. 41 − Meefischli
S. 28 − Ochsenmaulsalat S. 60 − Schweinfurter Schlacht-
schüssel S. 122 − Bamberger Zwiebel S. 85.

Zwischen Gäu und Woid

Semmelkrensoße

Bei dieser kommt's auf den Kren an. Er heißt eigentlich Meerrettich, kam aber nicht über den Ozean zu uns, sondern hat als mährischer Rettich zuerst seine Heimat, dann ganz Böhmen und schließlich die Angrenzer zum Weinen gebracht. Bei Fernsehaufnahmen in der Bamberger Gegend mußte ich einen Krenreiber (er hatte eine Gasmaske auf) interviewen. Dreimal wurde die Unterhaltung wiederholt, weil einmal das Tonband ausgelaufen war, zum zweiten der Film nicht synchron lief und schließlich der Gasmasken-Mann nicht zu verstehen war. Alles gelogen: Schon die erste Aufnahme war in Ordnung. Das aus sicherer Entfernung filmende Team hatte bloß seine Freude an meinen reichlich fließenden Tränen.

Folgendes Rezept stammt von einer Wirtin aus Neualbenreuth in der Oberpfalz. In ihrer benachbarten Egerländer Heimat hat das Gericht seinen Stammplatz in der Küche gehabt.

4 Semmeln	*80 g Butter*
1 Prise Salz	*1 Eßlöffel Mehl*
$^{1}/_{2}$ l Fleischbrühe	*1 Messerspitze Safran*
3 Eidotter	*3 Eßlöffel Kren*

Über die alten geschnittenen Semmeln oder fertiges Knödelbrot wird gesalzen und dann die heiße Fleischbrühe gegossen. Dann kommen die drei Eidotter hinzu. Mit dem Schneebesen gut verrühren. Aus reichlich Butter und ein wenig Mehl bereitet man eine ziemlich flüssige Einbrenne, die man rasch unter das Semmelgemisch mengt. Gewürzt wird mit einem Hauch Safran. Erst zum Schluß wird der frisch geriebene Kren eingerührt. Diese dickliche Soße paßt gut zu Suppenfleisch, am besten zu Tafelspitz. Und zu dem wiederum entweder eine Scheibe Bauernbrot oder Reibeknödel oder Petersilkartoffeln.

Schwammerl in Käse

125 g Nudeln (Hörndl, Spiralen usw.)
100 g Brühwurst (Lyoner, Regensburger, Leberkäs)
150 g Schmelzkäse
125 g Champignons oder Schwammerl der Saison
$^1/_8$ l Milch und 1 Ei
Salz, Muskat
1 Eßlöffel Semmelbrösel
2 Eßlöffel geriebener Emmentaler
etwas grüne und rote Paprikaschote
30 g Butter

Die Nudeln werden in leichtem Salzwasser fast gar gekocht. Sie sollen noch einen »Biß« haben (ital. »al dente«). Dann schneidet man den Käse und die Wurst in kleine Würfel, die Pilze blättrig und vermischt alles gut. Die Masse wird in eine feuerfeste Form gegeben. Dann gießt man die mit Salz und Muskat kräftig gewürzte Eimilch darüber und läßt sie einziehen. Obenauf wird ein Gemisch aus geriebenem Emmentaler und Semmelbröseln gleichmäßig verteilt. Das Ganze wird im vorgeheizten Rohr bei 200 Grad eine halbe Stunde gebacken. Bei halber Garzeit setzt man ein paar Butterflocken auf das Gericht und bringt — wegen der Optik — ein paar Verzierungen aus Streifen von roten und grünen Paprikaschoten oder Tomaten an.

Blumenkohl-Auflauf

1 Blumenkohl	**Soße:**
Salz-Essig-Wasser	*$^1/_4$ l süßer Rahm*
4 mal 2 Scheiben Schinken	*$^1/_8$ l Milch mit 1 Prise Salz*
4 mal 2 Scheiben Käse	*1 Eßlöffel gehackte Petersilie*
	$^1/_8$ l Milch
	1 Eßlöffel Stärkemehl
	1 Eidotter

Einen großen Blumenkohl zerpflückt man in seine Röschen und kocht diese in leichtem Salzwasser 20 Minuten. Ein beigegebener Spritzer Essig hält den Blumenkohl schön weiß. Man läßt die Röschen gut abtropfen und verteilt sie auf

Backbleche. Es sollen vier Portionen daraus werden. Jede Portion wird mit zwei Scheiben dünnem, magerem Beinschinken und darüber mit zwei dünnen Scheiben Emmentaler (auch Scheibletten) belegt. Im vorgeheizten Rohr (200 Grad) alles so lange backen, bis der Käse geschmolzen ist.

Für die Soße erhitzt man $^1/_4$ l süßen Rahm und $^1/_8$ l Milch und verrührt darin eine Prise Salz und feingehackte Petersilie. In einem anderen Gefäß wird $^1/_8$ l Milch mit Stärkemehl und einem Eidotter verquirlt, zu dem kochenden Milch-Sahne-Gemisch gegossen und so lange weiterverrührt, bis das Ganze am Rand des Gefäßes aufköchelt. Diese cremige Soße (Obacht geben, daß sie nicht übergeht) wird über den fertigen Auflauf gezogen. Er wird mit Tomatenvierteln und grünem Salat serviert und ist das Lieblingsgericht beim »Dampfnudel-Uli« in Regensburg.

Kleine Beeren-Auslese

1 Pfund Vogelbeeren   *$^1/_2$ l Wasser*
1 Pfund Äpfel   *$^1/_2$ Pfund Gelierzucker*

Das gibt eine gut schmeckende Marmelade. Die Vogelbeeren werden in so viel Wasser, daß sie gerade bedeckt sind, weichgekocht. Das dauert nicht lange. Dann gibt man die kleingeschnittenen, nicht geschälten Äpfel dazu (auch das Kernhaus bleibt) und kocht sie zu einem Mus. Dieses rührt man durch ein Haarsieb. Dann kommt der Gelierzucker hinzu. Nun läßt man die Masse unter ständigem Rühren einmal aufkochen und füllt sie in passende Gläser ab.

1 Pfund Brombeeren
1 Pfund Zucker
1 l Himbeergeist (oder guter Obstler)

Ganze Brombeeren werden überzuckert, vorsichtig durcheinandergerührt und in einem Glas mit hochprozentigem Alkohol übergossen. Um beides ist man im Winter froh.

2 Pfund Preiselbeeren   *$^1/_4$ l Schlagrahm*
650 g Zucker   *$1^1/_2$ Stunden Zeit*
80 g geriebener Kren

Die Preiselbeeren müssen bei dieser Methode $1^1/_2$ (in Worten: eineinhalb) Stunden kalt gerührt werden. So lange dauert es, bis sich Schüssel, Kochlöffel, Zucker und Beeren gut angefreundet haben. Ein Rühren mit elektrischen Geräten würde die Konsistenz der Früchte zerstören und ihren Wohlgeschmack beeinträchtigen. Den Lohn Ihrer Rührseligkeit empfangen Sie erst am nächsten Tag, wenn die Beeren feucht und duftend in der Schüssel liegen. Damit kann man nun allerhand anfangen: die Beeren mit geriebenem Kren und Schlagrahm mischen, ganz nach Belieben, Geschmack und Bedarf. Diese Sondermischung paßt zu Wild, Fisch, Schinken und kaltem Braten.

Birnen lassen sich schlecht unter Beeren einordnen. Da aber auch sie mit einem »B« beginnen, möchte ich sie hier anhängen. Das Rezept dieser Birnen — wie der vorausgehenden Beerenkunde — geht mit dem zweiten Buchstaben im Alphabet geradezu hausieren. Es stammt von einer breissischen Baronin aus Berlin, die natürlich in Bayern lebt und Bücher schreibt. Kochbuchlesern ist sie ein Begriff: Gunhild von der Recke. Sie konserviert Birnen in einem Gemisch aus Wasser, Essig, Zucker, Muskat, Zitronenschale, Ingwer und Zimt. Das kocht sie einmal (ohne Früchte) auf, läßt die geviertelten, geschälten Birnen in dem Sud zehn Minuten ziehen, füllt sie in Gläser, kocht die Flüssigkeit noch einmal auf und gießt sie über die Birnen. »Sehr pikant«, sagt sie. »Amoi was anders«, sag i!

5 Pfund Hollerbeeren   *1 Zimtstange*
Wasser   *1 Ingwerwurzel*
4 Nelken   *$1^1/_2$ Pfund Kandiszucker*

Einen guten Hollersaft erhält man, wenn man sich bei der Zubereitung Zeit läßt. Die Hollerbeeren werden in einem passenden Tiegel mit so viel Wasser, daß sie bedeckt sind, einmal gut durchgekocht. Dann nimmt man einen Küchenhocker, stellt ihn verkehrt auf den Boden und befestigt an den vier Stuhlbeinen ein Leinentuch, das man in der Mitte durchhängen läßt. Da hinein gießt man nach und nach den Inhalt des Tiegels. Er tropft dabei in eine darunter aufgestellte

Schüssel, in der sich Kandiszucker, eine Zimtstange und eine Ingwerwurzel befinden. Nach fünf Stunden ist der Saft durchgesickert (nicht pressen, sonst wird er trübe) und kommt zurück in den Kochtopf, wo er noch einmal aufwallen muß. Die Ingwerwurzel und die Zimtstange dürfen dabei nicht mehr mitkochen. Der Hollersaft muß heiß in Flaschen abgefüllt und sogleich verschlossen werden. Er ist besonders gesund, wenn man nicht krank ist.

Fichtenhonig

In der feinen Küche nennt man ihn Tannenhonig, dabei ist es nicht einmal ein Honig. Dafür sind Tannenzapfen ja eigentlich Fichtenzapfen. Für unser Rezept braucht man Fichtentriebe. Den Wald- oder Baumbesitzer (wenn man nicht selbst einer ist) muß man freilich um Erlaubnis bitten, daß man die im Mai neu ansetzenden Astspitzen pflücken darf. Bei den Trieben der unteren Äste von hohen Bäumen kann man keinen Flurschaden anrichten. Diese Zweige würden über kurz oder lang ohnehin absterben. Junge Fichtenbestände muß man schonen.

5 Pfund Fichtentriebe · 2 l Wasser · 2 Pfund Zucker

Die einfachste und älteste Methode: Triebe 1 Stunde in Wasser kochen, abseihen, und den gewonnenen Saft mit Zucker eine Stunde einkochen. Das bequemste Verfahren ist, die Fichtennadeln im Dampfentsafter auszulaugen. Aus 5 Pfund Trieben und 2 Liter Wasser gewinnt man etwa 2 Liter Fichtensaft, weil ja auch die Nadeln etwas Flüssigkeit abgeben. Der Saft sollte nicht zu stark gekocht werden, mehr ge»köchelt«. Auf keinen Fall darf er überschäumen. Wenn er leicht dicklich vom Kochlöffel tropft, ist der Fichtensirup fertig, den man landläufig Honig nennt, weil er ausschaut wie das Bienenprodukt und so schmeckt. Er ist ein aromatischer Brotaufstrich; man kann ihn auch zu Lebkuchen verwenden und − löffelweise genommen − soll er gegen Husten und Verkältung helfen. Ein weiteres Hausmittel ist, Fichtentriebe mit Spiritus anzusetzen und diese Mischung wochenlang in die Sonne zu stellen. Ist gut gegen das Rheumatische!

Heidelbeer-Reinzelten

»Zelten« heißen in Niederbayern gefüllte Teigfleck, die in der Reine gebacken werden. Beliebte Füllungen sind Heidelbeeren, Äpfel oder Grieben.

Teig:	Fülle:	In die Reine:
1 Pfund Mehl	$^3/_8$ l Sauerrahm	$^1/_4$ Pfund Butterschmalz
2 Eier	2 Pfund Heidelbeeren	1 l Milch
1 Prise Salz	200 g Zucker	50 g Zucker
5 Eßlöffel Milch		

In der Schüssel rührt man Mehl, Eier, Salz und Milch zu einem Teig zusammen, der dann auf dem bemehlten Nudelbrett gut geknetet wird. Man teilt die Teigkugel in zwei oder drei Ballen, die man nacheinander mit den Händen zu Rollen formt und davon wieder Stücke abschneidet. Diese werden mit dem Nudelholz zu dünnen Teigfleck ausgewalkt, etwa in der Größe einer Schreibmaschinenseite. Die angegebene Zutatenmenge müßte gut ein Dutzend solcher Fleck ergeben, die mit Sauerrahm bestrichen werden. Darauf verteilt man die gezuckerten Heidelbeeren in einer Menge, daß sich die Fleck noch gut einrollen lassen. Man legt sie nebeneinander quer in die Reine, in der bereits Butterschmalz ausgelassen wurde. Dann gießt man einen Liter gezuckerte Milch darüber. Die Reinzelten werden im Rohr bei 200 Grad eine Dreiviertelstunde gebacken. Man ißt sie heiß zu Kaffee oder zu »g'stöckelter Milli«, gestockter Milch also. Stadtleut nehmen Joghurt!

Äpfel-Reinstriezl

	Belag:
2 Pfund Kartoffeln	$^1/_4$ Pfund zerlassene Butter
100 g Mehl	$^1/_4$ l saurer Rahm
evtl. 1 Teelöffel Grieß	1-2 Pfund saure Äpfel
1 Prise Salz	100 g Zucker
1 Ei	Backfett
1 Teelöffel Butter	

Die am Vortag schon gekochten mehligen Kartoffeln werden aufs Nudelbrett gerieben, gesalzen, mit Mehl bestreut und mit einem Ei und einem Eckerl warmer Butter rasch zu einem

Teig vermengt. Bei neuen Kartoffeln empfiehlt es sich, etwas Grieß mitzuverwenden. Man verknetet alles gut zu einer geschmeidigen Kugel, die man teilt und nacheinander verarbeitet. Der Teig wird auf dem bemehlten Brett ausgerollt, und zwar etwa in der Stärke eines Bucheinbandes; dann wird er mit einem Gemisch aus zerlassener Butter und Sauerrahm bestrichen, sozusagen als Schutzschild für die dünnen Äpfelscheiben, die darüber verteilt und mit Zucker bestreut werden. Nun rollt man den Teigfleck von der einen Längsseite bis zur Mitte, dann von der anderen Seite her. So entstehen zwei Rollen, die man mit dem Messer trennt. Man kann diese gefüllten Rollen halbieren oder vierteln. So werden sie nebeneinander in die Bratreine geschlichtet. Darin ist bereits bodenverdeckt Butterschmalz zerlassen. Mit demselben Fett aus einem Pfanndl werden zusätzlich noch die einzelnen Stücke vor dem Einlegen bestrichen, damit sie nicht zusammenkleben. Sie werden eine Dreiviertelstunde bei 200 Grad im vorgeheizten Rohr gebacken. Man ißt dazu: nichts, läßt sich aber eine saure Milch oder eine Tasse Kaffee nebenher gut schmecken.

Scheiterhaufen

5 Semmeln	200 g Kirschen
$^1/_2$ l Milch	200 g Äpfel
5 Eidotter	200 g Zwetschgen
1 Prise Salz	50 g Rosinen
60 g Zucker	1 Stamperl Rum

Die alten Semmeln werden in dünne Scheiben geschnitten. Dann fettet man eine feuerfeste Form oder eine Bratreine mit Butter ein und belegt deren Boden mit Weißbrotschnitten. Darauf kommt eine Lage Früchte, dann wieder eine Schicht Brot. So geht es weiter, bis Brot und Früchte verbraucht sind. Obenauf kommen auf jeden Fall mit Butterflocken bedeckte Semmelscheiben. Man kann die Früchte miteinander mischen oder getrennte Lagen bilden, lediglich die Rosinen sollten sich gleichmäßig durch den ganzen Scheiterhaufen verteilen. Es gibt keine Vorschrift, welche Früchte man ver-

Rehfilet in Portweinsoße und feinen Gemüsen,
Rezept Seite 95

wendet (am zweckmäßigsten: was gerade auf dem Markt ist);
aber Äpfel sollten dabei sein.

Ist der Scheiterhaufen aufgeschichtet, übergießt man ihn mit
dem Zusammengerührten aus Milch, Eigelb, Zucker und
Salz. Im Rohr bei 200 bis 220 Grad etwa 40 Minuten goldgelb
herausbacken.

Schlosserbuam und Waschermadln

Wir nennen sie in einem Aufwaschen, weil sie die gleichen
Unterkleider tragen und meistens zusammen auftreten. Sie
werden in folgenden Teig gehüllt:

2 Eier	*$^1/_8$ l Milch*
3 Eßlöffel Mehl	*1 Prise Salz*

Die Buam bestehen leibhaftig aus entsteinten Zwetschgen,
denen man dafür je eine Mandel in den Bauch gesteckt hat.
Man wendet sie zuerst in Mehl, damit der Tropfteig gut hält,
in dem man sie anschließend wälzt. Sie werden in Fett
schwimmend (am besten: Öl) goldbraun gebacken. Nach
dem Abtropfen bestreut man sie dick mit geriebener Blockschokolade. Das ist die Schlosser-Montur.

Damit geben sich die Madln nicht zufrieden. Sie ziehen zwar
die nämliche Tropfteig-Unterwäsche über ihren gezuckerten
Marillen-Leib, behängen sich aber dann mit einem weinfar-
benen Mäntelchen. Dies wird im heißen Wasserbad »ge-
schneidert«, und zwar aus Eidottern, Zucker und Wein.
Vollziehen wir nun die Trennung der Geschlechter über-
sichtlich für's Rezept. Vor dem heißen Bad in Öl werden
beide in Mehl gewendet:

Buam:	**Madln:**
entkernte Zwetschgen	*halbe Aprikosen (Marillen)*
ganze Mandeln	*Zucker zum Bestreuen*
geriebene Blockschokolade	*Weinchaudeau aus:*
	2 Eidottern
	2 Eßlöffeln Zucker
	$^1/_8$ l Wein.

Schlosserbuam und Waschermadln sollte man zusammen servieren. Eine herrliche Mehlspeis zum Schalerl Kaffee.

Frühjahrssalat, Rezept Seite 89   **65**

Stoppelfuchs

1 Kilo Kartoffeln	*¹/₂ Teelöffel Salz*
¹/₂ Pfund Topfen (Quark)	*¹/₂ Pfund Mehl*
1 Ei	*Backfett*
2 Teelöffel Kümmel	*2 Pfund Pflaumen*

Warum das aus Gablonz zu uns »rübergemachte« Gericht so heißt, sollen Heimatforscher ergründen. Ausschaun tuts jedenfalls wie ein Kopfsteinpflaster, schmeckt aber mit Sicherheit viel besser. Wett' ma?! Die rohen Kartoffeln werden in eine Schüssel gerieben, mit Topfen, einem Ei, den Gewürzen und Mehl gut vermischt und auf ein gefettetes Blech gestrichen. Darauf verteilt man in fingerbreiten Abständen halbierte Pflaumen mit der Schnittfläche nach unten. Das ist der »klassische« Stoppelfuchs. Man kann aber auch Aprikosen, Pfirsiche, Zwetschgen oder Ringelos (auch eingemacht) verwenden. Der »Datschi« kommt bei 210 Grad 45 bis 60 Minuten ins vorgeheizte Rohr.

Kaiserlicher Schmarrn

Weil man sich nicht ganz sicher ist, ob das Wort »Kaiserschmarrn« davon herrührt, daß dieses Gericht die Leibspeis eines (natürlich österreichischen) Kaisers war oder eines Kasers auf der Alm (Senner), nennt der Gastronom Hans Wenzel von Spiegelau sein und seiner Gäste Lieblingsessen: Kaiserlicher Schmarrn.

3 Eier	*1 Teelöffel Butter*
3 Eßlöffel Mehl	*50 g Rosinen in Rum*
3 Eßlöffel Zucker	*1 Pfund Sauerkirschen*
¹/₂ Tasse süßer Rahm	*1 Stamperl Kirschwasser*
Schale von ¹/₂ Zitrone	*1 Stamperl Eierlikör*
1 Prise Salz	*Puderzucker zum Bestreuen*
1 Stamperl Cointreau	*Backfett für den Teig*
2 Eßlöffel Zucker	

In einer Schüssel rührt man aus Eiern, Mehl, Zucker, einer Prise Salz, dem Abgeriebenen einer halben Zitrone und süßem Rahm einen ziemlich dünnen Pfannkuchenteig, der in Butterschmalz gut angebräunt wird. Dann wendet man ihn in der Pfanne und beginnt damit, ihn mit dem Bratschäuferl nach und nach in mundgerechte Stücke zu stechen. Mit einem Gläschen Cointreau läßt er sich das gern gefallen. Sobald der Teig ein Schmarrn ist, kommt er aus der Pfanne, wird auf ein Tablett verteilt und warm gestellt.

In der Pfanne beginnt nun die kaiserliche Raffinesse: Zucker wird in Butter karamelisiert, dann werden die in Rum getränkten Rosinen und die entsteinten Sauerkirschen eingerührt, ein Stamperl Kirschwasser dazugekippt und das Ganze, wenn es einmal gut aufgekocht hat, über den Schmarrn auf dem Tablett gezogen. Aus der Eierlikörflasche läßt man auch noch mindestens 1 Stamperl einsickern, und zum Schluß wird der kaiserliche Schmarrn mit Zucker überpudert.

Zwetschgenknödel

750 g gekochte Kartoffeln	*1 Dutzend Zwetschgen*
250 g Mehl	*1 Dutzend Zuckerwürfel*
1 Prise Salz	*Butterbrösel*
75 g Butter	*Zimtzucker*
1 Eidotter	*Vanillesoße*

Man könnte sagen, bei mehligen Kartoffeln sei das Mehl schon drinnen. Man merkt es sofort bei der Zubereitung eines Knödelteiges aus gekochten Kartoffeln, daß man bei einer speckigen und nässenden Erdäpfelart mehr Mehl braucht. So ist unsere Mengenangabe eine ungefähre. Den Teig rührt man auf dem Nudelbrett zusammen, knetet ihn gut ab und formt eine Rolle im Durchmesser von 7 bis 9 Zentimetern. Davon schneidet man daumenbreite Scheiben ab, drückt oder zieht sie noch ein wenig auseinander, so daß in die Mitte gut eine entsteinte und mit einem Zuckerwürfel gefüllte Zwetschge paßt. Man drückt sie ein wenig in den Teig und lappt wieder zu. Man sollte dabei mit bemehlten (Stärkemehl ist am besten) Händen arbeiten, damit man glatte Knödel formen kann, die im Salzwasser ihre Form behalten und nicht aufgehen. Sie werden 15 bis 20 Minuten gekocht. Dann sollen sie noch fünf Minuten ziehen. Man läßt sie abtropfen und wendet sie in

Semmelbröseln, die man vorher in Butter geröstet hat. Noch besser schmeckt natürlich übriggebliebenes, geriebenes Gebäck (Kuchen, Kekse). Obenauf streut man beim Servieren mit Vanillesoße noch etwas Zimtzucker. Aus demselben Teig können Sie auch Aprikosen-(Marillen-)Knödel machen.

Germknödel mit Powidl

Dampferl:	
5 Eßlöffel Milch	2 cl Rum
30 g Hefe	Schale von $^1/_2$ Zitrone
1 Teelöffel Zucker	1 Pfund Mehl
1 Teelöffel Mehl	1 Prise Salz
Teig:	**Füllung:**
100 g Butter	Powidl- oder
50 g Zucker	Zwetschgenmarmelade
2 Eier	Zucker
$^1/_4$ l Milch	Mohnzucker zum Bestreuen

In Niederbayern und in der Oberpfalz sagt man heut noch zur Hefe »Germ«, wenn man überhaupt mit ihr redet. Die Germ bröckelt man in eine Tasse mit lauwarmer Milch und Zucker und streut ein bißerl Mehl darüber. Zugedeckt läßt man das Dampferl (Vorteig) eine Viertelstunde gehen. Inzwischen hat man Butter, Zucker, Eier und Milch mit den Gewürzzutaten verquirlt und mit dem gesalzenen Mehl verrührt. Da hinein mischt man nun das Dampferl und verknetet alles zu einem weichen Teig. Er muß zugedeckt an einem warmen Ort noch einmal gehen, bis er sein Volumen fast verdoppelt hat. Man nimmt ihn aus der Schüssel, teilt ihn und formt aus jeder Hälfte eine Teigsalami im Durchmesser von etwa 7 Zentimeter. Aus der »Wurst« werden etwa 3 cm lange Stücke herausgeschnitten und auf dem Nudelbrett oder irgendeiner passenden Arbeitsfläche etwas breit gedrückt, so daß kleinfingerdicke runde Platten entstehen. Diese belegt man in der Mitte mit einem etwa walnußgroßen Stück von Powidl (aus aufgeweichten Dörrzwetschgen gewonnen) oder Zwetschgenmarmelade und dreht sie semmelförmig zu. Man läßt sie mit einem Tuch bedeckt noch etwas ruhen und gibt sie dann in leise siedendes Salzwasser. Das Gefäß muß gut zugedeckt werden. Den Deckel darf man erst nach zwölf Minuten heben und die Germknödel herausnehmen. Sie werden in einer Mischung aus Mohn und Zucker gewälzt oder damit bestreut. Man muß sie noch ganz heiß servieren. Kenner reißen sie sofort in der Mitte mit zwei Gabeln auseinander, damit die Knödel nicht mehr »zusammensitzen« können.

Böhmischer Schmierkuchen

Teig:

1 Pfund Mehl	*knapp $^1/_4$ l Milch*
$^1/_8$ l Milch	*60 g Butter*
30 g Hefe	*60 g Zucker*
1 Teelöffel Zucker	*1 Ei*

Zunächst bereitet man den Hefeteig zu, der dreimal gehen muß. Während seines »Ausgangs« hat man Zeit, die »Schmiere« herzustellen.
In eine Rührschüssel siebt man das Mehl und drückt in die Mitte eine tassengroße Vertiefung. In dieser Mulde wird die eingebröckelte Hefe mit etwas Milch, Zucker und Mehl zu einem Vorteig verrührt. Über den dicklichen Brei streut man zum Schluß noch ein wenig Mehl und deckt die Schüssel mit einem Tuch zu. Nach gut einer Viertelstunde hat das »Dampferl« sein Volumen verdoppelt, und das übergestreute Mehl ist rissig geworden. Nun werden alle Zutaten gut vermischt und geknetet, bis der Teig Blasen wirft und sich vom Schüsselrand löst. Man deckt ihn zu und läßt ihn bei mäßiger Wärme (Küchentemperatur) wieder gehen, bis er knapp noch einmal so groß geworden ist. Dann kann man ihn auf dem bemehlten Nudelbrett etwa 1 cm dick auswalken. Am besten eignet sich dazu die »Salamitaktik«: den Teig halbieren, aus jedem Teil eine Wurst formen, davon insgesamt acht Scheiben herunterschneiden und diese zu runden Fleck' ausrollen. Sie sollen noch einmal eine Viertelstunde ruhen, brauchen aber keine »Zudecke« mehr. (Zugluft bitte meiden!).
Wie schon der Name sagt, bringt es das Fertiggericht allerdings nur dann zu Ruhm und Ansehen, wenn man dabei

ordentlich »schmiert«. Der Ausdruck entstammt keineswegs dem politischen Vokabular. Mit 5 Mark an Schmiergeldern sind Sie sicher dabei. Da kriegen S' sogar noch was raus. (Diese Zeilen wurden 1982 geschrieben. Ab 1984 übernimmt der Verfasser keine Garantie mehr für die Preisgestaltung.)
Man braucht:

1 Tasse Topfen und 1 Ei
1 Tasse Mohn mit 5 Eßlöffeln Milch und 1 Teelöffel Honig
1 Tasse Apfelmus mit 20 g Soßenlebkuchen
1 Tasse Dörrzwetschgenmus oder Zwetschgenmarmelade

Gewürze pro Tasse:
1 Teelöffel Zucker
1 Messerspitze Zimt
1 Messerspitze Nelken
1 Messerspitze Vanillinzucker
1 Spritzer Zitronensaft

Außerdem:
2 Eidotter zum Bestreichen der Teigränder
einige Mandelkerne zum Bestreuen

Die Herstellung der vier Schmieren:
1) Topfen und Ei verquirlen.
2) Den durch die Mühle gequetschten Mohn mit etwas Milch aufkochen und den Honig darunterrühren.
3) Das Apfelmus mit feingebröseltem Soßenlebkuchen vermischen.
4) Dörrzwetschgenmus oder Marmelade belassen, wie es/sie ist. Den Inhalt der vier Tassen mit den oben genannten Gewürzen vermischen.
Die runden Teigfleck werden am Rand mit Eigelb bestrichen und dann mit einem Küchenpinsel oder einem kleinen Löffel dicklich be»schmiert«. Jetzt wird die Köchin zur gestaltenden Künstlerin. Ihrer Phantasie ist es überlassen, welche flächigen Formen sie für den Aufstrich wählt. Beispielsweise einen gelblichgrünen Mond aus der Apfelmustasse, ein schwarzes Herz (Mohn) als Sinnbild für die bayerische Staatsangehörigkeit, ein weißes Kränzlein (Topfen) oder ein braunes Ringerl oder Sternderl (Zwetsch-

genmus). Wo sie hinpassen, kann man ein paar Mandel-
splitter eindrücken oder darüberstreuen.

Auf ein leicht gefettetes Backblech passen zwei Teigfleck.
Man backt sie im vorgeheizten Rohr bei 200 Grad zwölf
Minuten. Die Kuchen wölben sich in der Mitte etwas und
schauen aus wie die bekannten »Amerikaner«, aber schöner,
weils verziert sind! Dieses Gebäck hat es im Egerland und seiner böhmischen Umgebung vor allem bei freudigen Anlässen
(Hochzeit, Taufe, Erbschaft) zur Kaffeetafel gegeben.

Kreiwacker

»Wacker« nennt man im Bayerischen Wald eine Art Auflauf.
Was es mit dem »Krei« für eine Bewandtnis hat, habe ich
nicht erfragen können. Auch nicht beim Jankabräu in
Zwiesel, wo er auf der Speisekarte steht. Gemacht wird er jedenfalls so:

250 g Mehl	2 bis 3 Semmeln
$^1/_2$ Teelöffel Backpulver	15 g Rosinen
1 Prise Salz	50 g Butter
5 Eier	1 Tasse saurer Rahm
$^1/_4$ l Milch	100 g Zucker

Aus dem mit etwas Backpulver vermischten Mehl, der Milch,
Salz und den Eiern rührt man einen Pfannkuchenteig, in den
noch die kleinen Würfel von 2 bis 3 Semmeln und eine Handvoll Rosinen gegeben werden. Der Teig wird in eine reichlich
ausgebutterte Reine gegossen und herausgebacken, bis sich
der Rand löst und eine schöne braune Farbe bekommen hat.
Dann gibt man eine Tasse sauren Rahm darüber, streut
Zucker darauf und bäckt noch kurz weiter, bis die Ober-
schicht verschmolzen ist. Man schneidet Stücke daraus und
gibt ein beliebiges Kompott oder frische Beeren dazu.

Ochsengurgeln

1 Pfund Mehl	*1-2 Eßlöffel saurer Rahm*
3 Eier	*Butterschmalz als Backfett*
$^1/_2$ Pfund Butter	*Füllung nach Belieben*

Mag sein, daß Ochsengurgeln so ausschauen wie die unseres Schmalzgebäcks. Ich habe echte noch nicht gesehen. Sicher würden uns die Schlundwerkzeuge der nur noch ganz selten vorkommenden Kastraten aus dem Tierreich nicht gut schmecken. Ganz was anderes ist es mit denen da:
Man siebt Mehl aufs Nudelbrett, macht davon einen Kranz und drückt in die Mitte eine Mulde. Da hinein schlägt man die Eier. Die Butter wird in Flocken auf das Mehl verteilt. Über die Eier kommt noch etwas Sauerrahm, dann vermengt man alles rasch und gut mit der Teigkarte (Schaber) auf der Arbeitsfläche. Später knetet man mit den Händen weiter. Es muß ein fester Teig entstehen, der über Nacht im Kühlschrank Quartier nimmt. Am nächsten Tag walkt man ihn zu einer Dicke eines Bucheinbandes aus. Man schneidet die Teigfleck in 30 bis 35 cm lange und 3 cm breite Streifen. Jeden davon wickelt man spiralförmig um das Ochsengurgel-Eisen. Das ist ein Rohr aus Eisenblech, das etwa 10 cm lang ist und nach vorne konisch verläuft (Durchmesser hinten 3 cm, vorne 2 cm). Das Eisen hat einen Griff, an dem ein Bindfaden befestigt ist. Die Teigspirale wird so auf das Rohr aufgetragen, daß stets der obere Streifen den unteren ein wenig bedeckt. Dann umwickelt man die Spirale mit dem (nicht zu dünnen) Bindfaden sechs bis sieben Mal. Dieses »Korsett« soll einerseits den Teig fest ans Eisen binden, zum andern stellt die Verschnürung ein Ziermuster dar. Der aufgesetzte Holzgriff des Eisens soll so lang sein, daß man nicht direkt über dem heißen Schmalz hantieren muß. Die richtige Temperatur des Backfetts kann man mit einem kleinen Holzstäbchen prüfen. Taucht man es ins heiße Butterschmalz, und es steigen ringsum Bläschen auf, dann ist es auch Zeit zum Ochsengurgeln backen. Zuerst erhitzt man das Gebäck am Eisen, dann löst man vorsichtig die Schnur ab und schubst die Teigspirale mit dem Finger ins Fett. Die Ochsengurgeln werden darin mehrmals gewendet, bis sie rundum schön goldbraun sind. Sie

sehen aus wie die bekannten »Schillerlocken«. Man kann sie mit Schlagrahm und Früchten oder gleich mit beidem füllen. Auch »innen ohne« schmecken sie gut zum Kaffee.

Die Köchin dieses Rezeptes, eine Lehrersgattin, gibt Auskunft, wie Sie zu einem »Ochsengurgeleisen« kommen können, falls es nicht zu Ihrer Kücheneinrichtung gehört. : Edeltraud Hofmann, Alter Postweg 4, 8414 Maxhütte-Roding.

Haferflockenbusserl

50 g geriebene Haselnüsse	2 Eiweiß
140 g Haferflocken	140 g Zucker
3 Eßlöffel Öl	1 Prise Salz
ganze oder halbe Haselnüsse zur Verzierung	

Geriebene Haselnüsse und grobkörnige Haferflocken werden vermischt und in einer Pfanne in Öl angeröstet. Bis sie erkalten, schlägt man in einem passenden Gefäß zwei Eiweiß mit einer Prise Salz zu Schnee, vermischt ihn mit dem Zucker und dem Inhalt der Pfanne. Aus dieser Masse setzt man mit einem Teelöffel kleine Busserl auf ein gefettetes Backblech, verziert sie je mit einer ganzen oder halben Haselnuß und bäckt sie bei 180 bis 200 Grad im vorgeheizten Rohr goldgelb.

Topfenpalatschinken (6 Stück)

Palatschinkenteig:	$^1/_2$ Pfund Topfen
$^1/_2$ Pfund Mehl	$^1/_8$ l Schlagrahm
$^1/_2$ l Milch	Schale von 1 Zitrone
3 Eier	2 Eßlöffel Rosinen
1 Prise Salz	1 Teelöffel Vanillinzucker

Topfenfüllung:	Zum Übergießen:
40 g Butter	knapp $^1/_4$ l Milch
60 g Zucker	1 Eidotter
2 Eidotter	1 Teelöffel Vanillinzucker
2 Eiweiß als Schnee	1 Stamperl Rum

Sechs Pfannkuchen in Butterschmalz backen. Für die Füllung rührt man Butter und Zucker schaumig und mischt nach und nach die übrigen Zutaten darunter. Zuletzt zieht man den Eischnee unter die Masse. Die Füllung wird nun auf die Pfannkuchen verteilt. Man schlägt sie zu und legt sie nebeneinander in eine ausgebutterte feuerfeste Form. Dann werden sie mit der Vanillemilch übergossen und im vorgeheizten Rohr bei 180 Grad zwanzig Minuten gebacken. Vor dem Servieren kippt man noch ein Stamperl Rum darüber.

Ausgezogener Topfenstrudel

Teig:
100 g Mehl
¹/₂ Tasse (65 g) Wasser
1 Prise Salz

Auf dem Nudelbrett oder einer Arbeitsfläche macht man vom gesiebten Mehl einen Kranz, schüttet in die Mitte das lauwarme Wasser, salzt, und verarbeitet die Zutaten mit dem Schaber zu einem Teig, den man dann mit den Händen knetet und schlägt, bis er geschmeidig ist und glänzt. Zu einer Halbkugel geformt, soll er dann unter einer vorgewärmten Schüssel eine Viertelstunde ruhen. Währenddessen bereitet man die Füllung zu. Man braucht:

65 g Butter	*1 Pfund nassen Topfen*
100 g Zucker	*¹/₂ Teelöffel Vanillinzucker*
3 Eidotter	*10 g Rosinen*
3 Eiweiß als Schnee	

Zuerst rührt man Butter und Zucker schaumig und vermischt dann die übrigen Zutaten darein. Der Eischnee wird nur locker untergehoben. Weiter geht's mit dem nun ausgerasteten Teig. Er wird auf einem leicht bemehlten Tuch zunächst zu einem dünnen Rechteck in der Länge der Bratreine oder des zu verwendenden Kuchenbleches ausgewalkt. Dann hebt man ihn vorsichtig vom Tuch und dehnt ihn von der Mitte aus über die Handrücken so lang und breit wie möglich. Übertrieben ausgedrückt: Der Teigfleck soll so dünn werden, daß man eine untergelegte Zeitung lesen kann. So wird er auf das ausgebreitete Tuch zurückgelegt, die Füllung wird gleichmäßig auf ihm verteilt. Dann rollt man den Strudel zusammen (Tuch auf einer Seite anheben). Die Rolle dürfte etwa die doppelte Länge der Reine oder des Backbleches haben. Man biegt sie in der Mitte um, so daß die Form eines langgezogenen U-Hakens entsteht. Sie wird in das ausgefettete Backgefäß gelegt und eventuell etwas breitgedrückt, so daß kein seitlicher Hohlraum bleibt. Im vorgeheizten Rohr wird der Strudel bei 120 Grad eineinhalb Stunden gebacken. Man serviert ihn mit Zucker bestreut zum Kaffee.

Forellen mit Schwammerl

3 Forellen (je ca. $^1/_2$ Pfund)	*2 Eßlöffel Dill*
Salz, Pfeffer, Zitronensaft	*2 Eßlöffel Petersilie*
3 Eßlöffel Butter	*2 mal $^1/_8$ l Weißwein*
1 Zwiebel	*1 Würfel Fleischextrakt*
$^1/_2$ Pfund Schwammerl	*$^1/_8$ l saurer Rahm*

Warum diesmal grad drei Portionsforellen? Also, mehr haben in dem Pfanndl der Wirtin von Holzham nicht Platz g'habt. Und in der Gaststuben haben auch bloß drei Leut' Fisch b'stellt.

Die Forellen werden nach dem Ausnehmen, Abwaschen und Trocknen außen und innen mit Salz und Pfeffer eingerieben und mit Zitronensaft beträufelt. Dann kann man sie vergessen, bis die Füllung fertig ist.

In einer Pfanne läßt man Butter zerlaufen und dünstet darin feingehackte Zwiebeln glasig. Darüber kommen blättrig geschnittene Schwammerl. Zuchtchampignons gibt es das ganze Jahr. Pilzliebhaber werden in der Saison natürlich ihre Leib- und Magenschwammerl verwenden. Am besten schmecken die Röhrlinge, die an der Hutunterseite ge»futtert« sind (Steinpilze, Maroni, Rotkappen, Jagerhaxen-Birkenpilze). Reherl eignen sich für dieses Schnellgericht nicht; sie bleiben hart und geben keinen Saft ab. Ins angedünstete Schwammerl-Zwiebel-Gemisch wird jetzt ein herber Weißwein gegossen und verrührt. Nach fünf Minuten füllt man die leicht glitschige Masse in die Fischbäuche und steckt diese mit Zahnstochern zu. Man legt die gefüllten Forellen in die Pfanne (wenn's geht, auf den Rücken) und dünstet alles zugedeckt etwa noch eine Viertelstunde gar. Dabei gießt man einmal mit dem restlichen Weißwein auf. Dann nimmt man die Forellen aus der Pfanne, legt sie auf eine vorgewärmte Platte und macht in der Pfanne die Soße fertig und zwar mit Sauerrahm, feingewiegtem Grünzeug und einem zerbröckelten Brühwürfel. Man läßt alles noch ein bißchen ziehen und gibt es dann über die Fische. Dazu schmecken besonders gut Petersilkartoffeln und grüner Salat!

Zandersuppe unter der Haube (2 Personen)

50 g Butter	Salz
2 Gelbe Rüben	5 grüne Pfefferkörner
1 Stange Porree	2 kleine Tomaten
$^1/_8$ l herber Frankenwein	1 Teelöffel Dill
100 g Champignons	1 Eßlöffel Petersilie
$^1/_4$ l Fleischbrühe	1 Messerspitze Safran
250 g Zanderfilet	1 Eidotter
	fertiger Blätterteig

Man dünstet im Topf in dünne Scheiben geschnittene Gelbe Rüben und Lauch kurz in Butter an und löscht mit einem guten Schuß Weißwein ab. Wenn das Gemüse weich gekocht ist, kommen die blättrig geschnittenen Champignons dazu und die Fleischbrühe. Man läßt kurz aufkochen und gibt das in Streifen geschnittene, halbfingerlange Fischfilet hinein. Wenn sich das Zanderfleisch weißlich färbt, hat sich das Eiweiß gebunden, und es ist Zeit zum Würzen: eine Prise Salz, einige grüne Pfefferkörner, Tomaten in kleinen Würfeln, feingehackter Dill, Petersilie und eine Messerspitze Safran. Die heiße Suppe füllt man in zwei feuerfeste große Tassen und bestreicht deren Ränder mit Eigelb. Das ist das Klebemittel für einen rundgeschnittenen Blätterteig, der als Deckel auf die Tassen kommt und ein paar Zentimeter überhängt. Was vom Eidotter übrig geblieben ist, verstreicht man auf dem Blätterteig. Die Tassen kommen nun bei 200 Grad ins vorgeheizte Rohr. Nach 10 Minuten kann man sie herausnehmen. Der Blätterteig hat sich zu einer Haube von der Größe einer riesigen Semmel aufgeblasen. Wenn man sie mit dem Löffel aufsticht, ist man sofort begeistert von dem würzigen Aroma dieser einmaligen Fischsuppe, und man brockt weiter ein und löffelt aus. Wo's das gibt? Bisher nur in der »Bierhütte« zwischen Grafenau und Freyung.

Gefüllte Flugente (auch Wildente)

1 gerupfte und ausgenommene Ente
Gewürzmischung zum Einreiben aus Salz, Pfeffer, edelsüßem
Paprika, Majoran (1 Knoblauchzehe)

Füllung:	Soße:
2 Semmeln	*1 kleine Gelbe Rübe*
1 kleiner Apfel	*1 kleine Petersilwurzel*
Herz und Leber (der Ente)	*das Weiße von 1 Porreestange*
1 Ei	*2 Eßlöffel Fleischbrühe*
1 Eßlöffel gehackte Sellerieblätter	*Saft von $^1/_2$ Orange*
1 Teelöffel gehackte Kresse	*$^1/_8$ l Rotwein*
Salz-Pfeffer-Mischung	*2 Teelöffel Preiselbeeren*

Falls Sie eine Wildente zubereiten möchten, beachten Sie bitte folgendes: man bekommt sie frisch von Mitte Juli bis Jahresende. Sie darf nicht im Federkleid abhängen, sondern muß sofort gerupft, ausgenommen und verarbeitet werden. Die Haut der Wildente soll man mit der Schnittfläche einer halbierten Knoblauchzehe einreiben.

Das braucht es bei der Flugente nicht. Der Vogel wird mit der oben angegebenen Gewürzmischung innen und außen eingerieben und dann gefüllt. Die Füllung besteht aus zwei in Würfeln geschnittenen, abgeschälten Semmeln, einem Ei, dünnen Äpfelscheiben, feingewiegtem Grünzeug und einer Prise Salz-Pfeffer-Mischung. Die zugenähte oder zugesteckte Ente kommt in die Bratreine zu grobgeschnittenem Wurzelwerk und etwas Fleischbrühe. Im vorgeheizten Rohr wird sie zunächst 20 Minuten auf der Bauchseite angebraten. Dann wendet man sie, gießt mit Rotwein und Orangensaft auf und läßt sie eine halbe Stunde weiterbraten. Dann verfeinert man die Soße noch mit Preiselbeeren. Nach weiteren 10 Minuten ist der Vogel fertig gegart. Beim Bucherbräu in Grafenau gibt's dazu Kartoffelpüree und Blaukraut.

Gefüllte Truthahnbrust

1 Truthahnbrust	¹/₂ Tasse Rahm
1-2 Stangen Porree	1 Schweinsnetz
100 g Truthahnleberpaste	Salz, Pfeffer aus der Mühle
1 Kalbsbries (ca. 100 g)	5 Scheiben Speck à 80 g
1 Dutzend grüne Pfefferkörner	1 ausgezogener Strudelteig
125 g Champignons	80 g Butter

Die Truthahnbrust wird quer halbiert und aufgeklappt, so daß sie ihren flächigen Umfang verdoppelt. Darauf verteilt man angekochten geschnittenen Porree und gibt in die Mitte die ganze Leber. Um sie herum legt man das gekochte Kalbsbries in Streifen, dann die blättrigen Champignons und würzt mit grünen Pfefferkörnern. Das Ganze wird mit reduzierter Sahne übergossen. Wenn sie eingezogen hat, wickelt man alles in ein Schweinsnetz, würzt kräftig mit Salz und Pfeffer und bedeckt das Ganze mit nebeneinander gelegten dünnen, mageren rohen Speckscheiben. Diese Packung umhüllt man dann mit einem fertigen Strudelteig und bäckt die gefüllte Truthahnbrust in der gebutterten Reine eine Stunde bei einer Hitze von 180 Grad im Rohr.

Schneckensalat

12 Weinbergschnecken aus der Dose
10 kleine Champignonköpfchen
1 Knoblauchzehe
1 Teelöffel Butter
Salz, Pfeffer

Salatsoße :
2 Eßlöffel Öl
1 Eßlöffel Essig
Salz, Pfeffer
1 Eßlöffel frische Kräuter
¹/₂ Tomate

Die Schnecken werden in ihrem Sud zunächst erhitzt. Nebenher brät man die Schwammerlköpfe in Butter an und salzt und pfeffert sie leicht. Auch eine feingehackte Knoblauchzehe soll mitschwitzen. Dann gibt man dieses mit den Schnecken auf einen angewärmten Teller. Der Sud kommt erst darüber, wenn er halb eingekocht hat. Inzwischen rührt man sich die Salatsoße zusammen, bestehend aus: Essig, Öl, feingewiegten Kräutern der Saison und kleinen Tomatenwürfeln (ohne Kernhaus). Man gibt sie mit dem eingezogenen Sud zusammen auf den Salatteller. Der Salat soll warm gegessen werden. Dazu schmeckt frisches Weißbrot.

Ratsherren-Medaillons (1 Portion)

4 Medaillons aus dem Kalbsrücken à 30 g
2 dünne Scheiben Emmentaler in Größe der Medaillons
2 dünne Scheiben geräuchertes Wammerl in obiger Größe
Salz, Pfeffer, Paprika
Mehl
50 g geriebener Parmesankäse
1 Ei

Die Medaillons werden geklopft und auf beiden Seiten gewürzt. Zwei davon mit je einer Schinken- und Wammerlscheibe belegt und diese wiederum mit Medaillons bedeckt. So werden die vierstöckigen Schnitten zuerst in Mehl gewendet, dann in ein Gemisch aus Parmesan und Ei getaucht und anschließend in der Pfanne in Pflanzenfett auf jeder Seite fünf Minuten gebraten. Damit es den Ratsherren im Regensburger Bischofshof noch besser schmeckt, gibt es als Beilagen Champignons, Bohnen, Gelbe Rüben, Erbsen, Spargel, Kartoffelkroketten und als Soße eine Hollandaise. Wer kein Ratsherr ist, kriegt eine Erbse weniger.

Schwartenbraten

600 g Wammerl	*1 Eßlöffel ganzer Kümmel*
125 g Schweineschmalz	*1 Zwiebel*
1 Teelöffel Salz	*$^1/_2$ l Fleischbrühe*
1 Teelöffel Pfeffer	*$^1/_4$ l dunkles Bier*
1 Teelöffel edelsüßer Paprika	

Die Haut wird karo- oder rautenförmig eingeschnitten und mit der Gewürzmischung eingerieben. In der Bratreine läßt man Schweinefett zerlaufen und legt das Fleisch mit der Schwartenseite nach unten ein. Die Temperatur im Rohr beträgt 200 bis 220 Grad. Nach zehn Minuten wendet man das Wammerl und gibt die geachtelte Zwiebel dazu. Eine Viertelstunde später beginnt man mit heißer Fleischbrühe aufzugießen, die man nach und nach verbraucht ($^1/_2$ Liter). Wenn der Braten eine ganze Stunde im Rohr ist, begießt man ihn mit dunklem Bier und brät ihn noch 15 Minuten lang. Dazu gibt's geschupfte Nudeln (Baunkerl, Baunzen, Bauchstecherl) und Kraut.

Rollierter Spanferkelnierenbraten

1 Pfund Kalbsbrät	*Schale von $^1/_2$ Zitrone*
1 Seite Spanferkelwammerl	*1 Eßlöffel Petersilie*
1 Niere	*2 Lendchen à 150 g*
125 g Speck	*Rippenknöcherl*
Salz, Pfeffer	*Röstgemüse (s. Rezept)*
	1 Eßlöffel Butterschmalz

In die Schüssel kommt zuunterst das (eventuell vom Metzger vorgewürzte) Brät, dann verrührt man dazu die leicht vorgedünsteten Nierenwürferl (ca. je 1 ccm),den kleingeschnittenen rohen Speck und die Gewürze. Das Petersilkraut soll fein gewiegt sein. Mit dieser Masse bestreicht man das Wammerl auf der Fleischseite, legt in der Mitte die zwei Lendenstücke der Länge nach nebeneinander und rollt das Wammerl ein. Es wird mit einem Bindfaden verschnürt, gut eingesalzen, gepfeffert und kommt zu zerlassenem Schweinefett in die Reine. Dort wird es eineinhalb Stunden bei 220 Grad gebraten. Man wendet es während der Zeit einmal, gießt hin und wieder, soweit nötig, mit Wasser auf und gibt erst nach einer Stunde Bratzeit das grobgeschnittene Röstgemüse (Zwiebel, Sellerie, Gelbe Rübe) hinzu.

Fischsuppe, Rezept Seite 94

Krenfleisch

2 Schweinshaxen oder	1 Dutzend Wacholderbeeren
800 g Schulterfleisch	2 Prisen Salz
3 Zwiebeln	$^1/_4$ l Weinessig
3 Gelbe Rüben	1 kleine Krenwurzel
100 g Sellerie	1 Strauß Petersilgrün
2 Lorbeerblätter	

Das Fleisch in vier Portionen teilen und so lange aufkochen lassen, bis sich auf der Oberfläche der Flüssigkeit brauner Schaum bildet. Dieser besteht aus gerinnenden feinen Eiweißteilchen und sollte abgeschöpft werden, weil er die Kochbrühe trübt. Man kann aber auch — und das geschieht in der Praxis häufig — das Fleisch herausnehmen und in einem anderen Gefäß mit reinem, aber bereits heißem Wasser weiterkochen. Hinzu kommen Zwiebelringe, Sellerie und Gelbe Rüben — in feine Streifen geschnitten (Julienne sagt der »gehobene« Koch) —, eine Handvoll Wacholderbeeren, zwei Prisen Salz und mindestens ein Viertelliter kräftiger Weinessig. Erst gegen Schluß der Kochzeit (1 Stunde, Kochlöffel zwischen Topf und Deckel) gibt man gehackte Petersilie und Lorbeerblätter hinzu. Und jetzt reiben Sie eine kleine Stange frischen Kren (Meerrettich: kommt von »mährrischer Rettich«). Der kommt beim Servieren als Haube über das Fleisch, das mit den Gemüsestreifen und viel Suppe in tiefen Tellern serviert wird. Dazu passen Salzkartoffeln.

Würzsurbraten im Salzmantel

$1^1/_2$ Pfund Surfleisch	Rosmarin und Kümmel
	1 Prise Pfeffer
Zur Gewürzmarinade:	3 Eßlöffel Öl
je 1 Eßlöffel Schnittlauch	
Selleriekraut, Zwiebelkraut	**Zum Salzmantel:**
Petersilie	3 Pfund Salz
je 1 Teelöffel Dill und Kresse	3 Eiweiß
je $^1/_2$ Teelöffel Minze, Salbei	$^1/_2$ Tasse Wasser

Beim Surfleisch handelt es sich immer um Schweinernes. Die Sur oder Pökelflüssigkeit (Lake) wird erzeugt, wenn man das

Fleisch eingesalzen und mit gewünschten Gewürzen versehen in einem Holzzuber oder in einem Steingutgefäß gut aufeinandergeschichtet aufbewahrt. Schon nach einer Woche kann man solch durchsäuertes (gesurtes) Fleisch entnehmen. Immer von der Lake bedeckt, hält Surfleisch bis zu sechs Wochen, wird aber derart scharf, daß man es vor Gebrauch eine Viertelstunde lauwarm wässern muß. (Wie man gutes Surfleisch selbst zubereiten kann, steht in »Bayerische Schmankerlküche« S. 31 ff). Das Surfleisch wird zunächst auf beiden Seiten gut angebraten. Dann macht man die Gewürzkräuter-Marinade, und zwar mischt man feingewiegtes Grünzeug der Saison mit etwas Kümmel und Pfeffer zusammen und verrührt es mit Öl. Man braucht sich nicht unbedingt an obige Kräutermixtur halten. Man nehme, was grad frisch hergeht oder am besten (auch getrocknet) zusammenpaßt.

Das angebratene und abgekühlte Surfleisch wird nun so lange in der Kräutertunke gewälzt, bis alles daran haften geblieben ist. Dann wird der »Mörtel« zubereitet. Man vermengt Salz, Eiweiß und so viel Wasser, daß eine fest bindende Masse entsteht, mit der man das Fleisch in der Reine daumendick zumauert. So kommt es ins vorgeheizte Rohr und wird bei 220 Grad eine Dreiviertelstunde gegart. Dann klopft man den gipsfest erstarrten Salzmantel in Scherben. Es kommt ein herrlich duftender Surbraten zum Vorschein, der buchstäblich nach Semmelknödeln und Sauerkraut schreit. Apropos sauer : Der Salzmantel gibt keinerlei Geschmack an den Braten ab. Er ist nur Hülle.

Tafelspitz

2 Pfund Rindfleisch	*4 Eidotter*
200 g Wurzelwerk	*1 Tasse Fleischsud*
1 Eßlöffel Essig	*100 g Butter*
6 Pfefferkörner	*1 Eßlöffel Schnittlauch*
1 Messerspitze Knoblauchgranulat	

Der Tafelspitz ist ein besonders schönes und saftiges Stück Rindfleisch, das aus dem Schlegel geschnitten wird. Es wird zweieinhalb Stunden in nicht gesalzenem Wasser mit feingeschnittenem Wurzelwerk wie Porree, Gelbe Rüben, Sellerie und Petersilie gekocht. Für die Soße erhitzt man im Tiegel ein wenig Essig mit zerdrückten Pfefferkörnern und Knoblauchsalz und läßt dies ziemlich einkochen. Nun gießt man mit Fleischsud auf und rührt nach und nach vier Eidotter dazu. Die Hitze darf nicht zu groß werden, damit das Eigelb nicht gerinnt. Danach läßt man die Masse abkühlen. Ist dies geschehen, arbeitet man am Herdrand weiter. Tröpfchenweise und unter ständigem Rühren gießt man heiße, zerlassene Butter hinzu, bis sie verbraucht ist. Es wird nur mit feingewiegtem Schnittlauch abgeschmeckt. Diese Soße wird über die Fleischscheiben gezogen. Gut dazu paßt Apfelkren, der aus drei Teilen Apfelmus und einem Teil geriebenem Meerrettich gemischt wird. Salzkartoffeln sollten nicht fehlen.

Wildkrautwickerl

400 g Wildfleisch	1 Teelöffel Majoran
200 g gepökeltes Kalbsbrät	$^1/_2$ Tasse Semmelbrösel
100 g Reherl	1 Doppelstamperl Kognak
Salz, Pfeffer	Butter als Bratfett
Wildgewürz	8-10 Blaukrautblätter
1 Dutzend Pfefferkörner	etwas Essig
2 Eßlöffel Petersilie	

Das Wildfleisch wird durch die grobe Scheibe des Wolfs gedreht. Es ist gleich, ob man Hasenfleisch nimmt oder Fleisch vom Reh oder Hirsch. Man kann auch mischen. Natürlich wird man zu Krautwickerln nicht gerade die besten Teile wie Filets oder Rücken hernehmen, sondern wahrscheinlich das Ragoutfleisch. Es wird in einer Schüssel mit den grobgeschnittenen Schwammerln, den Gewürzen, den Eiern, der gehackten Petersilie und den Semmelbröseln gut vermengt. Man läßt den Teig durchziehen und kocht inzwischen einen Blaukrautkopf, aus dem man den Strunk geschnitten hat. Hernach löst man die Blätter ab und legt sie auf die Arbeitsfläche. Sie werden mit Essig beträufelt, damit sie ihre Farbe behalten. Man legt so viel Blätter zusammen, daß man damit eine etwa faustgroße Teigkugel einwickeln kann. Da

kann schon ein einziges großes Blatt genügen. Das Kraut-
wickerl wird noch einmal eingebunden, und zwar in ein Tuch,
das man fest zusammendreht und preßt. So entstehen nach
dem Auswickeln kompakte Kugeln, die man in einer ausgebutterten Pfanne oder in einem Tiegel im vorgeheizten Rohr
bei 200 Grad 40 Minuten lang gart.

Gefüllter Rehrücken

1 Rehrücken (ca. 2 kg)	Soße:
Salz, Pfeffer	Bratfond
Bratfett	12 Wacholderbeeren
	1 Zwiebel
Füllung:	1 Gelbe Rübe
2 Eier	1 Spritzer Zitronensaft
$^1/_2$ Pfund Mischpilze	1 Eßlöffel Mehl
1 Eßlöffel Petersilie	$^1/_8$ l Rahm
Semmelbrösel	
Äpfel und Weichselkirschen	
zum Bedecken	

Bei diesem Rezept aus dem Stiftsland kommt das Fleisch
nicht in die Beize. Es soll aber mindestens vier Tage abhängen. Der Rücken wird gehäutet; an beiden Seiten des Rück-
grats entlang macht man mit einem scharfen Messer einen etwa
2 cm tiefen Schnitt. Dadurch kommt die Würze (nur Salz und
Pfeffer) besser ins Fleisch, und außerdem erleichtert dieser
Voschnitt das Tranchieren. Man legt den Rehrücken in etwas
Schweinefett in die Reine und gibt ihn ins vorgeheizte Rohr.
Der Ofen muß mindestens eine Viertelstunde vorher einge-
schaltet werden, und zwar bei höchster Stufe. Die Bratzeit
beträgt zunächst eine Dreiviertelstunde. Dabei wird der Braten einmal gewendet. Bei Bedarf gießt man mit Wasser auf, in
dem man Wacholderbeeren gekocht hat.
Für die Fülle braucht man zwei Eier, feinblättrig geschnittene und einmal heiß überbrauste Schwammerl, gehacktes
Grünzeug und so viel Semmelbrösel, wie der Teig aufnimmt,
so daß er sich an die Stelle der ausgelösten Filets einstreichen
läßt. Diese werden nach dreiviertelstündiger Bratzeit je in
6 bis 8 schräge Streifen geschnitten und in der ursprünglichen

Form auf die Füllmasse gedrückt. Der Rehrücken wird nun mit säuerlichen Äpfelscheiben und Weichseln bedeckt, in Alu-Folie gewickelt und noch eine Viertelstunde bei voller Hitze auf einem Blech fertig gebraten. Inzwischen wird in der Reine die Soße zubereitet. Man löscht den Bratfond mit zwei Schöpflöffel Wasser ab, in dem man Wacholderbeeren gekocht hat, gibt auch die Beeren dazu, ebenso in Butter angedünstete Zwiebel- und Gelbe Rüben-Würfel. Die Soße wird mit Mehl und Rahm verdickt und mit Zitronensaft abgeschmeckt.

Rehfilet in Portweinsoße und feinen Gemüsen (2 Personen)

1 Rehfilet zu 350 g	*6 grüne Pfefferkörner*
50 g Butter	*$^1/_4$ Teelöffel Orangenschale*
$^1/_4$ Teelöffel schwarzer Pfeffer	*1 Eßlöffel Butter*

Soße:	**Beilagen:**
$^1/_2$ Tasse Portwein	*Überkrustete Äpfel*
$^1/_2$ Tasse Rehfond (s. Rezept)	*Karotten- und Wirsingpüree*

Das Filet wird in Butter auf beiden Seiten vier bis fünf Minuten gebraten und dabei lediglich mit schwarzem Pfeffer aus der Mühle gewürzt und keinesfalls gesalzen. Danach nimmt man es aus der Pfanne und stellt es, wenn möglich zwischen 60 und 70 Grad, eine Viertelstunde warm, damit es nachziehen kann. Es soll innen noch leicht rosig sein. Für die Soße läßt man in der Pfanne Portwein fast ganz reduzieren und füllt mit Rehfond auf. Dieser wurde aus Rehknochen, Wurzelwerk, Marinadegewürzen, Wasser und Burgunderwein gewonnen und eingedickt. Man läßt einmal aufkochen und schlägt mit dem Schneebesen weiter, rührt dabei die Pfefferkörner und die in etwas Weißwein angekochten Orangenspalten ein und zieht das Gefäß von der Hitze weg. Es wird nämlich noch ein Stück Butter darunter geschlagen, und dabei darf die Soße nicht mehr kochen.

Als Beilagen passen zum Rehfilet Äpfelscheiben. Sie werden in einem Tiegel mit Crème fraîche bedeckt und zwanzig Minuten im heißen Rohr überkrustet. Karotten und Wirsing werden mit Butter und Sahne verfeinert und püriert.

Hirschlende mit Weichseln (2 Personen)

2 mal 140 g Hirschlende
Salz, Pfeffer
Wildgewürz
Paprikamehl
50 g Butter
1 Tasse Fleischbrühe

1 Eßlöffel Weichselmarmelade
1 Eßlöffel Weichselsaft
$^1/_2$ Tasse Sahne
1 Teelöffel grüner Pfeffer
1 Tasse Sauerkirschen

Die aus der Hirschlende geschnittenen Stücke (4 cm) werden geklopft, gewürzt, in einer Mischung aus Mehl und Rosenpaprika (zu gleichen Teilen) gewälzt und in heiße Butter in die Pfanne gelegt, wo sie auf jeder Seite drei Minuten gebraten werden. So ist das Wildfleisch durch und dennoch innen saftig. Das hat das Paprikamehl bewirkt, das keinen Fleischsaft austreten läßt und für eine gute Bindung der Soße sorgt. Abgelöscht wird mit ungewürzter Fleischbrühe. Danach verrührt man nacheinander Kirschmarmelade (es handelt sich stets um Sauerkirschen), Saft von eingeweckten Weichseln, Rahm, zerdrückte grüne Pfefferkörner und ganze, entkernte Weichseln in der Pfanne neben und über dem Fleisch. Das Ganze muß einige Minuten kochen, damit sich die Soße auf ungefähr ein Drittel reduziert.
Angerichtet wird mit Spätzle, Apfelkren und Früchten. Dazu trinkt man Rotwein. Guten Appetit wünscht die Wirtin vom »Adalbert-Stifter-Haus« in Frauenberg am Dreisessel.

Des is scho gschrieb'n

Nämlich in »Bayerische Schmankerlküche«: Gröimkoichla (Griebenküchlein) S. 79 – Gröimkniedla S. 76 – Heidelbeerdatschi S. 104 – Hirgstmillisuppen S. 17 – Kaasballala S. 74 – Böhmische Knödel S. 73 – Pichelsteine S. 64 – Draahte Wichspfeiferl S. 78.
»Bayerische Schmankerl fürs ganze Jahr«: Kartoffelschmarrn S. 22 – Roumkraut S. 75 – Schlout-Suppen S. 127 – Schwammerlsuppen S. 102/103.

Vom Inntal
zur Doana

Krautsuppe

1 Zwiebel	1 Prise Muskat
100 g Butter	3 Prisen Pfeffer
100 g Wammerl	$^1/_2$ Teelöffel Kümmel
1 Krautkopf	1 kleines Zweigerl Liebstöckl
$1^1/_4$ l Fleischbrühe	Spritzer Worcestersauce
1 Eßlöffel Mehl	2 Eßlöffel Tomatenmark
1 Teelöffel Salz	2 Kartoffeln

Sobald die gehackte Zwiebel in Butter und kleingeschnittenem geräucherten Wammerl goldbraun anläuft, drückt man das geschnittene und gewässerte Kraut aus und gibt es in den Topf. Es wird mit etwas Kümmel überstreut. Dann gießt man die Fleischbrühe dazu und rührt noch ein Mehlteigerl herein. Man läßt gut aufkochen und würzt. Etwas Tomatenmark gibt der Suppe eine dunklere Farbe und rundet den Geschmack ab. Zum Schluß gibt man noch kleingewürfelte Kartoffeln hinein. Die brauchen etwa eine Viertelstunde, bis sie weich sind; dann ist's zum Essen. Mit eingeschnittenen oder vorher mitgekochten Regensburgern wird die Suppe zur Mahlzeit. Beim »Bräu« in Neukirchen/Inn steht sie auf der Karte.

Mostsuppe

1 Gelbe Rübe	Salz, Pfeffer
1 Porreestange	1 Spritzer Zitronensaft
1 Zwiebel	$^1/_4$ l Most
100 g Butter	2 Weißbrotscheiben
2 Eßlöffel Mehl	1 Teelöffel Zimt
1 l Fleischbrühe	4 Teelöffel Schlagrahm

Das feingeschnittene Gemüse wird zwei Minuten in Butter angeschwitzt, dann mit Mehl bestäubt und gut verrührt. Man füllt mit einer guten Fleischbrühe auf und kocht das Ganze zehn Minuten. Danach wird abpassiert und mit Salz, Pfeffer und Zitronensaft abgeschmeckt. Dann erst wird der Most dazugegossen. Man nimmt den Topf von der Hitze weg, damit das Most-Aroma erhalten bleibt. Beim Servieren kommen Brotwürferl und eine Schlagrahmflocke auf die Suppe in der Tasse. Das zurechtgeschnittene Weißbrot wurde vorher in einer ausgebutterten Pfanne in Zimt geschwenkt.

Frühjahrssalat

Serviert bekommt man diesen Salat im Frühjahr jeden Tag im Passauer »Calvados«, einem Spezialitäten-Lokal. Natürlich nützt es der Wirt aus, daß auf den Sandbänken in Donau und Inn Tausende von Möwen ihre Eier legen. Buben bringen sie ihm für ein Trinkgeld.

Soße:	Salatzutaten:
$^1/_2$ *Zwiebel*	*Grüner Salat*
1 Zitrone	*Radieserl*
1 Doppelstamperl Essig	*Karotten*
1 Prise Salz	*Paprikaschoten*
1 Prise Pfeffer	*Brunnenkresse*
1 Prise Zucker	*Essiggurken*
1 Eidotter	*Tomaten*
1 Teelöffel Petersilie	*Oliven*
1 Teelöffel Schnittlauch	*Champignons*
1 Teelöffel Dill	*Palmenherzen*
1 Teelöffel mittelscharfer Senf	*Artischockenböden*
1 Schuß Calvados	*Möweneier*
1 Schuß Madeira	*Schinkenstreifen*
1 Spritzer Worcestersoße	*gekochtes Hühnerfleisch*
$^1/_4$ *l Olivenöl*	*Sauerampfer*

Die Zwiebel kommt als Mus verrieben in die Schüssel, dann der Saft einer ganzen Zitrone. Der Eidotter wird verquirlt, das Grünzeug fein geschnitten, und der Pfeffer kommt aus der Mühle. Die Salatzutaten vermischen Sie quantitativ, wie Sie wollen, hergeschnitten werden sie »mundgerecht«. Die Möweneier müssen 12 Minuten gekocht werden.

Apfelpfannkuchen

100 g Mehl	*2-3 säuerliche Äpfel*
$^1/_8$ *l Milch*	*2 Eßlöffel Zucker*
4 getrennte Eier	*1 Teelöffel Vanillinzucker*
1 Prise Salz	

Zunächst rührt man aus dem Mehl, den Eidottern und der Milch einen Pfannkuchenteig wie üblich zusammen. Das Eiweiß wird als steifer Schnee jedoch bloß noch unter den

Teig gehoben. Er kommt in die Pfanne in heiße Butter und wird auf einer Seite gut gebräunt. Obenauf gibt man die vom Kernhaus befreiten und geschälten Äpfelradl. Sie sind dünn geschnitten. Sobald die Unterseite braun ist, bestreut man die Äpfel mit dem Gemisch aus Staub- und Vanillinzucker und wendet den Pfannkuchen. Man läßt ihn noch kurz auf dem Ofen und gibt ihn dann ins Rohr. Dort bleibt er zehn Minuten bei 160 bis 180 Grad. Er wird leicht noch einmal so hoch, wenn nicht sogar dreimal!

Hollerkoch

2 Pfund Holler	$^1/_2$ Pfund Zucker
$^1/_2$ l Wasser	$^1/_2$ Teelöffel Zimt
1 Apfel	4 Teelöffel Stärkemehl
1 Birne	$^1/_2$ Tasse süßer Rahm
1 Dutzend Zwetschgen	

Ja, da kocht sich was Feines zusammen, wenn man so die Zutaten liest. Drum heißts auch Hollerkoch und nicht etwa Holunderkompott oder Früchtemus. Freilich der Holler allein macht's nicht. Es gehören noch ein geschälter Apfel und eine ebensolche Birn' dazu. »Des braucht's ja dennerscht net«, hat eine Rottaler Bäuerin gemeint, als ihre Tochter, frisch aus der Haushaltsschule kommend, ihr dieses vorschrieb. Und es kam noch ärger. Die Zwetschgen sollten auch geschält werden, nicht bloß geviertelt oder geachtelt. Weil sich die Haut nicht verkocht. Daß man die Kern' aus den Früchten tut, also das ham's allerweil schon gmacht.

Den ganzen Holler kocht man mit der Hälfte Wasser und Zucker an und gibt dann die Früchteschnitz' dazu. Dabei bleibt der Deckel zu. Nach zehn Minuten kommt dann alles zusammen. Jetzt muß man schon öfters umrühren. Nach zwanzig Minuten kochen kommt ein Mehlteigerl aus 4 Löffel Stärkemehl und ein bißl Wasser daran, damit alles schön bindig wird. Jetzt sollt man den Kochlöffel nicht mehr aus der Hand legen und nichts anbrennen lassen. In einer halben Stunde insgesamt ist der Hollerkoch fertig. Der Rahm, der am Schluß noch drunter gerührt wird, darf nicht mehr kochen.

Gremmel-Strudel

Man sagt auch Grammeln zu den Grieben. Das sind die
Rückstände vom ausgelassenen Schweinefett. So kleine,
braune Kracherl.

1 Pfund Mehl	*etwas Mehl fürs Brett*
1 Tasse Wasser	*20 Eßlöffel Grieben*
3 Eier	*gut $^1/_2$ l Milch mit 1 Prise Salz*
$^1/_2$ Eßlöffel Salz	*1 Eßlöffel Butterschmalz*
2 Eßlöffel zerlassene Butter	

Der Teig wird aus Mehl, lauwarmem Wasser, Salz und den
Eiern zunächst in der Schüssel angerührt. Die zerlassene
Butter sorgt für Geschmeidigkeit. Auf dem bemehlten
Nudelbrett knetet man weiter und formt einen Laib, der zugedeckt eine halbe Stunde ruhen soll. Danach wird er noch
einmal durchgeknetet und zu einer Teigsalami im Durchmesser von 6 cm geformt. Man kann auch zwei Rollen
machen. Daraus schneidet man 10 Stücke, die etwa messerrückendick zu Eßtellergröße ausgewalkt werden. Auf die
Teigfleck werden je 2 Eßlöffel Gremmel gegeben und diese
eingerollt. Man setzt die Strudel nebeneinander in die Reine
zu ganz wenig zerlassenem Fett. Darüber wird lauwarme
Milch gegossen. Die Backzeit im vorgeheizten Rohr beträgt
20 Minuten bei 200 Grad.

Eckige Semmelknödel

Ich weiß nicht, wo der Bauer Jackl hingekommen ist. 1978
war er noch Wirt am Passauer Innsteg. Bei ihm hat's zum
Schweinsbraten »viereckige Knödel« gegeben. So standen sie
auf der Speisenkarte. In Wirklichkeit hatten die Knödel, wie
jeder Würfel, acht Ecken. Warum er diese Beilagen kantig
formte? Weil man sie so besser stapeln könne, erklärte er
darauf. Wir zeigten einen Stapel in der Abendschau-Schman-
kerlküche. Weil die Sendung im Fasching lief, hielt man sie
vielfach für eine Gaudi. Glauben Sie mir auch nicht?
Probieren Sie es einmal mit einer kleinen Menge:

4 Semmeln	1 Teelöffel Petersilie
etwa ¹/₄ l Milch	1 Prise Salz
20 g Butter	2 Eier
1 Eßlöffel Zwiebeln	¹/₂ Eßlöffel Mehl

Die feinblättrig geschnittenen Semmeln oder die entspre-
chende Menge Knödelbrot übergießt man mit lauwarmer
Milch und läßt diese eine halbe Stunde einziehen. Danach gibt
man in Butter angeschwitzte Zwiebelwürferl und feingeschnittene Petersilie dazu, schlägt zwei Eier darüber, salzt,
streut Mehl über das Ganze und vermischt alles gut mit der
Hand. Der Teig soll dann eine Viertelstunde anziehen. Dann
formt man entweder mit den Händen oder Zigarren-
schachtelbrettchen oder steifem Pappdeckel eckige Knödel,
die man in Salzwasser kocht, bis sie voll und ganz zerfallen
sind. Dazu brauchen sie keine fünf Minuten.

Die eckig geformten Knödel zerfallen **nicht,** wenn man sie
vor dem Kochen eine Minute in den Mikrowellenherd tut
oder im vorgeheizten Rohr bei starker Hitze (ca. 220 bis 250
Grad) gut fünf Minuten bäckt. Je länger man sie im Rohr
beläßt, je größer die Garantie, daß die Knödel im Salzwasser
die Kochprozedur von 20 Minuten formecht überstehen.
Probieren geht über studieren!

Weinpudding

6 Eidotter	**Tränke:**
60 g Zucker	150 g Zucker
50 g Marzipan	¹/₄ l Rum
6 Eiweiß	2 l Wasser
150 g Zucker	
75 g Brotbrösel	**Weinsoße:**
¹/₈ l Rum	¹/₂ l Weißwein
200 g Mehl	200 g Zucker
50 g Nüsse	1 Zitrone (Saft)
je 1 Prise Zimt und Nelken	
	Fond:
	50 g Stärkemehl
	4 Eidotter
	¹/₈ l Weißwein
	(Schlagrahm)

Sechs Eier werden getrennt, die Dotter und das Eiweiß auf zwei Schüsseln verteilt. In der Dotterschüssel werden noch 60 g Zucker und geriebenes Marzipan mitverrührt. Im anderen Gefäß wird das Eiweiß mit 150 g Zucker zu steifem Schnee geschlagen und wartet auf seinen Einsatz. Inzwischen aber werden in einem Glas oder einer Tasse Brotbrösel und $^1/_8$ Liter Rum vermengt und in die Dotterschüssel eingerührt. Dann vermischt man das Mehl — am besten auf einem Pergamentpapierl — mit geriebenen Wal- oder Haselnüssen und Zimt und Nelken. Dieses Gemisch wird jetzt nacheinander abwechselnd mit dem gezuckerten Ei-Schnee in die Dotterschüssel eingerührt und gut vermengt. Den Abschluß bildet eine gut faustgroße Portion von der Schaummasse, die nur noch leicht untergehoben wird. Man füllt den Teig in eine ausgebutterte und gebröselte Kuchenform und bäckt ihn im Rohr bei 160 Grad gut eine Stunde.

Der fertige Kuchen wird dann getränkt. Er badet in 2 Liter Wasser und einem Viertelliter Rum. In der Tränke sind auch noch 250 g Zucker aufgelöst. In einer halben Stunde hat sich das Gebäck vollgesaugt. Der Kuchen ist zwar jetzt ein gutes Stück schwerer geworden, aber sein Volumen hat er nicht vergrößert. Er ist nicht gequollen und er hat auch nichts abgegeben. Ein strammer Trunkenbold, der frierend darauf wartet, daß man ihm etwas Warmes überzieht. Das kann er haben:

In einem entsprechend großen Schnabelhaferl läßt man unter Rühren einen halben Liter Frankenwein, 200 g Zucker und den Saft einer Zitrone heiß werden. Dazu gesellt sich noch ein Fond, den man aus Stärkemehl, einem Achtelliter Frankenwein und 4 Eidottern kalt zusammengerührt hat. Wenn das alles aufgekocht hat, läßt man es noch ein wenig ziehen, bis eine dickliche Masse entstanden ist, die sich vergleichsweise wie flüssiger Leim über den Kuchen bis zum Tellerrand gießen läßt. Nach dem Erkalten und Erstarren kann man diesem süßen Alkoholiker noch einen dicken Wintermantel aus Schlagrahm verpassen. Prost Mahlzeit!

Schneeguatln

1 Pfund Pflanzenfett	¹/₄ Pfund Kokosraspeln
1 Pfund Puderzucker	1 Stamperl Arrak oder Rum
¹/₄ Pfund Kakao	Pralinenformen

Zu meiner Bubenzeit hat man noch einen Schnee dazu gebraucht, denn damals hat's in ganz Pfarrkirchen vielleicht drei Kühlschränke gegeben, deren Besitzer sich mit unsereinem gar nicht abgegeben hätten. Aber Schnee haben wir immer genug gehabt; auch die armen Leut. Man hat sich einen Heidenspaß unterm Christbaum leisten können.

Das Rezept ist gleichgeblieben: Man erwärmt in einem Schnabeltopf Pflanzenfett, bis es flüssig ist, verrührt darin die oben angegebenen Zutaten und gießt die Masse in Pralinenformen. Die sind eine Zeit lang ganz außer Mode gekommen; jetzt kann man sie wieder kaufen. Die gefüllten Modeln hat man früher in den Schnee gestellt (eine halbe Stunde hat genügt), dann konnte man sie stürzen. Heut tut man sie zweckmäßigerweise ins Eisfach vom Kühlschrank, dann braucht man nicht aus dem Haus zu gehen oder auf den Winter zu warten.

Da sich jede beliebige Form, die einen Boden hat, für diesen »Guß« eignet, kann man sich für die Schokoladenguateln die schönsten Überraschungen ausdenken. Der Probstmeier Konrad* hat einmal einen BH (den gab's schon vor 50 Jahren) seiner Schwester ausgegossen und ihr das Kunstwerk zu Weihnachten geschenkt. Da hat er g'haut gekriegt.

* Der Name wurde von der Redaktion geändert.

Fischsuppe (6 Personen)

2¹/₂ Pfund Fischfleisch	1 Porreestange
2 l Wasser	5 Kartoffeln
1 Gelbe Rübe	2 Teelöffel Salz
3 Petersilwurzeln mit	2 Teelöffel süßer Paprika
ihrem Grünzeug	¹/₂ Teelöffel scharfer Paprika
1 Zwiebel	etwas Knoblauch
	(ev. Granulat)

Die Senior-Wirtin vom bekannten Fischerstüberl in Gaishofen in Niederbayern hat Schwanz und Kopf eines Donauwallers für diese Suppe hergenommen. Es war ein großer Fisch, und daher mußte sie das Gericht für sechs Esser anrichten. Sie können die Suppe mit allen fleischhaltigen Abschnitten jeglicher Fische zubereiten.

Als erste kommen die Scheiben der Gelben Rübe ins kochende Wasser, weil die am längsten brauchen. Nach zehn Minuten gibt man die geschnittenen Petersilwurzeln mit dem Grünzeug dazu, dann die grobgeschnittene Zwiebel, den unteren Teil einer Porreestange in Scheiben und die Viertel von fünf mittelgroßen Kartoffeln. Gewürzt wird zunächst nur mit Salz. Nun kommt das Fischfleisch in die kochende Brühe. Nach einer Dreiviertelstunde deckt man ab, nimmt die Fischteile heraus, löst sie von Knochen, Gräten oder Flossen, gibt sie wieder hinzu und läßt das Ganze noch fünf Minuten köcheln. Dabei schmeckt man mit Paprika und Knoblauch ab.

Fischrogensuppe

Die Eier der Fische nennt man Rogen. Sie schmecken am besten vom September bis Mai. Den Rogen bekommt man spottbillig vom Fischhändler, wenn nicht gar geschenkt, weil kaum jemand weiß, wie gut er in der Suppe schmeckt. Die Eier aller Fluß- und Seefische eignen sich für die Küche. Lediglich der Barbe-Rogen ist giftig. Den Rogen vom Stör kriegt man freilich nicht zum Niedrigpreis. Denn das ist der echte Kaviar.

50 g Fett	*1 Prise weißer Pfeffer*
$^1/_2$ gehackte Zwiebel	*1 Eßlöffel gehacktes Grünzeug*
80 g Mehl	*200 g Fischrogen*
1 l Wasser	*geröstete Weißbrotwürfel*
1 Eßlöffel Salz	

Man läßt im Tiegel das Fett zerlaufen und dünstet die gehackte Zwiebel goldbraun an. Dann rührt man Mehl dazu, bis eine helle Einbrenne entstanden ist. Danach wird mit warmem Wasser nach und nach aufgegossen und alles klumpenfrei verrührt. Gewürzt wird mit Salz und weißem Pfeffer. Vor dem Kochen kommt der Fischrogen dazu. Dieser ist von einem dünnen Häutchen umgeben, das man abziehen muß. Die winzig kleinen Fischeier sehen aus wie grobkörniger Grieß. Man läßt die Suppe einmal aufkochen und dann eine Viertelstunde leicht dahinköcheln. Zum Schluß streut man gehacktes Grünzeug darüber. Obenauf kommen noch in Butter abgeröstete Weißbrotwürfel.

Gefüllte Schleien (2 Stück)

Eine alte niederbayerische Fischerregel, die immer stimmt, lautet: »Siehst du den Schlei im Mai, ist der April vorbei«. Bloß grammatikalisch ist der Satz nicht ganz richtig. Denn der schriftdeutsche Schlei ist weiblich, auch der männliche, und heißt also: die Schleie (Mehrzahl Schleien). Solche Fische füllt der (1982) einzige 1-Sterne-Wirt in Niederbayern, Helmut Krausler vom Bergrestaurant Niederaichbach (bei Landshut), mit Hecht. In der Natur ist's gerade umgekehrt. Da stopft sich der Hecht den Bauch mit Schleien voll. Lassen wir also in der Küche diesmal ausgleichende Gerechtigkeit walten. Die Schleien werden mit einem scharfen Messer vom Rücken her ausgenommen, und zwar so, daß der ganze Knochenbau auf einmal herausgeht. Dieser »Brustkasten« wird für den Sud verwendet. Damit Sie nicht in einem »Grundrezept« nachschlagen müssen, stehen hier gleich die Zutaten. Die Grätenleibe gut eine Viertelstunde köcheln lassen in:

1 l Wasser	**Suppengrün:** *je 1 Stück Gelbe*
1/8 l Frankenwein	*Rübe, Porree, Sellerie, Petersilie*
2 Zwiebelhälften	*3 Piment- und Pfefferkörner*
2 Zitronenscheiben	*1 Nelke*
	1 Lorbeerblatt

Schleien haben keine Schonzeit. Hechte dürfen von Mitte Februar bis Mitte April nicht gefangen werden. Falls Sie frisches Fischfleisch für die Füllung möchten, richten Sie bitte Ihren Magenfahrplan danach ein.

96   *Kaiser-Äpfel, Rezept Seite 134*

Zur Füllung:	1 Eigelb
300 g Hechtfilet	$^1/_8$ l süßer Rahm
Salz, Cayenne-Pfeffer, Muskat	1 Eßlöffel Schlagrahm

Das Hechtfilet im Mixer zerkleinern oder zweimal durch die feine Scheibe des Fleischwolfs drehen und mit den übrigen Zutaten und den Gewürzen gut vermengen.

Die Schleien werden mit dem Hechtmus gefüllt und in einem passenden ausgebutterten Emaillegefäß eine Viertelstunde zusammen mit einem Dillstengel im Rohr pochiert. So nennt ein Sternekoch das langsame Garen in passender Flüssigkeit unterhalb des Siedepunktes. Das Naß stammt aus dem Gräten-Sud. Damit werden die Schleien gerade noch bedeckt. Obenauf kommt Alu-Folie. Nach der Garzeit stellt man die Schleien gut warm. Vorher wird ihnen noch die Haut abgezogen. Das geht wie von selbst mit einem Löffel. Auch die Flossen kommen weg.

Zur Soße:

Fischfond	2 Eßlöffel Schlagrahm
$^1/_8$ l süßer Rahm	Salz, Pfeffer
100 g Butter	12 Krebsschwänze
1 Schalotte	1 Eßlöffel Dill
$^1/_8$ l herber Wein	(eventuell etwas Muskat)

Für die Soßenzubereitung brauchen Sie zunächst zwei kleine Tiegel. Im ersten verrühren Sie den durchpassierten Fischfond mit süßem Rahm, aber erst dann die Sahne dazugeben, wenn der Fond ziemlich eingekocht hat (reduziert ist). Im zweiten Gefäß dünstet man eine feingehackte Schalotte in Butter glasig, löscht mit Weißwein ab, würzt und mengt noch Schlagrahm darunter. Der Inhalt der zwei Tiegel wird in einen zusammengegossen und dann weiterverrührt. Hinzu kommen noch das Fleisch von zwölf aufgebrochenen Krebsschwänzen, die mit feingehacktem Dill gesotten wurden. Diese Sondermischung wird nun über die gefüllten und warmgestellten Schleien gezogen.

Nicht dazu passen Münzenkugeln auf Sauerkraut, dafür aber Petersilkartoffeln und grüner Salat. Und die zwei Drittel, die im Boxbeutel noch drin sind!

Waller-Ragout mit feinem Gemüse

Der Fisch ist edel, die Gemüse sind fein, und »Ragout« kommt aus dem Französischen: das Gericht stammt natürlich wie das vorige aus einem »Stern« Lokal. Helmut Krausler bereitet es Ihnen in Niederaichbach bei Landshut zu und hat nichts dagegen, wenn Sie es zu Hause in einer Sternstunde nachkochen.

600 g Waller	*Salz, Pfeffer, Cayenne-Pfeffer*
2 Schalotten	*1 Schuß Essig*
$^1/_8$ l Weißwein	*$^1/_2$ Tasse süßer Rahm*
$^1/_8$ l Fischbrühe	*250 g Butter*

In einen ausgebutterten Tiegel gibt man die Schalotten in feinen Scheiben, dann die aus dem Wallerfilet geschnittenen Fischstücke in einer Größe, wie man sie zu Gulasch oder Ragout üblicherweise verwendet. Weißwein und Fischbrühe (aus dem Sud von Knochen, Kopf und Flossen) werden dazugegossen, Salz und Pfeffer aus der Mühle drübergestreut, und dann wird das Ganze, mit Alu-Folie abgedeckt, fünf Minuten bei schwacher Hitze gegart. Danach stellt man den Fisch warm und macht die Soße fertig. Der Fischfond wird mit einem Schuß Essig abgelöscht und fast eingekocht. Dann gibt man die Sahne dazu und montiert die Butter darunter, daß heißt: man mischt sie nacheinander in großen Stücken ein. Abgeschmeckt wird mit Salz, Pfeffer und Cayenne-Pfeffer. Man muß die Soße gut durchrühren und zum Schluß durchpassieren.

Die Gemüse werden wegen der verschiedenen Garzeiten in mehreren Töpfen gekocht: neue Kartoffeln (mit der Schale in Kümmelwasser), weiße Rübchen (mit Lorbeerblatt und Thymianzweig), Brokkoli, Gelbe Rüben, kleine Zwiebeln.

Falsche Wildtauben

2 Haustauben

Beize aus:
1/2 Teil Wasser
je $^1/_4$ Teil Essig und Rotwein
Wurzelwerk
1 Zitronenhälfte
$^1/_2$ Zwiebel
10 Pfefferkörner
10 Wacholderbeeren

160 g Fülle aus:
Hackfleisch
Herz, Leber, Magen
Schwammerl
Zwiebel
Petersilie
1 Eidotter

Salz, Pfeffer
Paprika
Wildgewürz
1-2 Speckscheiben
1 Teelöffel Pflanzenfett

Zur Einbrenne:
1 Eßlöffel Butter
2 Eßlöffel Mehl
$^1/_2$ Eßlöffel Zucker
2 Teelöffel Preiselbeeren
1 Schuß Rotwein
1 doppelter Kognak
1 Eßlöffel süßer Rahm

Junge Haustauben werden meistens gedünstet oder gebraten. Bei diesem Rezept können Sie aber Tauben zubereiten, die schon viele Flugstunden hinter sich haben, also ältere Vögel. Denn sie werden einen Tag in der Beize mürbe gemacht. Man nimmt dafür so viel Flüssigkeit her, daß die Tauben bedeckt sind. Das Wurzelwerk der oben genannten Zutaten besteht aus je einem kleinen Stück Gelbe Rübe, Sellerie, Porree und Petersilie.

Die Fülle für eine Taube soll 80 Gramm wiegen. Man mengt sie aus Hackfleisch, den feingewiegten Innereien, Schwammerln der Saison, feingehackter Zwiebel, Petersilie und Eigelb zusammen. Die gefüllten Tauben werden rundum gewürzt, in einen dünnen Speckmantel (grüner Speck) gehüllt, zugesteckt und in einem Tiegel mit wenig Fett eine Dreiviertelstunde lang gebraten. Dabei wendet man sie mehrmals, und wenn es erforderlich ist, gießt man etwas Beizflüssigkeit zu, um ein Anbrennen zu vermeiden.

Kurz vor der Garzeit wird nebenher eine dunkle Einbrenne zubereitet und mit einem Schöpflöffel voll Beizflüssigkeit abgelöscht. Auch der Bratenfond wird eingerührt. Die Tauben legt man einstweilen auf eine warme Platte, bis die Soße fertig ist. Sie wird verfeinert mit Preiselbeeren, Rotwein, Kognak und süßem Rahm. Man gießt die Soße in das Bratgefäß, gibt die Tauben wieder hinein und läßt sie noch eine Viertelstunde ziehen. Sie schmecken wie Wildtauben.

Dazu kriegt man in der »Post« in Langquaid niederbayerische Teigknödel und frischen Feldsalat.

Geißkitzl in Rahm

1 Schlegel	1 Zwiebel
1 Rücken	2 Knoblauchzehen
1 Eßlöffel Salz	$^1/_2$ l Rahm
$^1/_2$ Eßlöffel Pfeffer	$^1/_4$ l Wasser

Das Fleisch wird mit heißem Wasser überbraust und trockengerieben. Man würzt kräftig mit Salz und Pfeffer und einem Gemisch aus feingewiegtem Knoblauch und kleinwürfelig geschnittener Zwiebel. Man drückt es etwas ans Fleisch, damit es haften bleibt. So kommt es, über und über mit Rahm bepinselt, in die Bratreine, deren Boden mit Wasser bedeckt ist. Das Kitzfleisch wird insgesamt eineinhalb Stunden gebraten, wird dabei einmal gewendet und mindestens vier Mal mit Rahm bestrichen, wobei man jedesmal Wasser in die Reine zugießt. Dieses Rezept eignet sich auch vorzüglich für Lamm- und Kalbfleisch, sagt die Wirtin vom Bauernhofmuseum in Massing an der Rott, und die muß es wissen. Denn hier verkehrt der Kochclub »Die Glangerigen«, und was von dessen männlichen Mitgliedern vernascht wird, muß Spitzenklasse sein.

Gebratene Kitzschlegel

2 Kitzschlegel
(jedes ca. 600 g; nicht entbeint)
Salz, Pfeffer (aus der Mühle)
2 Eßlöffel Olivenöl

Zur Soße:
2 Eßlöffel Butterschmalz
1 Pfund kleingehackte Kitzknochen
je 50 g Schalotten, Gelbe Rüben,
Porree, Sellerie, Champignons, Tomaten
1 l Fleischbrühe
$^1/_8$ l herber Weißwein
50 g Butter

Geißkitzl gibt es zwischen Ostern und Pfingsten. Sie sind rar und machen sich immer rarer. Darum sollte man beim Metzger rechtzeitig vorbestellen oder sich nach einem Ziegenzüchter umsehen.

Die Schlegel werden auf beiden Seiten mit Salz und Pfeffer gewürzt und kommen dann in die Pfanne zu heißem Olivenöl, in dem sie auf jeder Seite eine Minute lang scharf angebraten werden. Dann gibt man sie ins vorgeheizte Rohr und läßt sie eine Dreiviertelstunde bei 250 Grad garen. Nach der Hälfte der Bratzeit wendet man das Fleisch und bedeckt es mit einer Alu-Folie oder Pergamentpapier, damit die zarten Schlegel nicht von der Oberhitze ausgetrocknet werden können.

Die Grundlage für die Soße bilden kleingehackte Kitzknochen. Sie werden in Butterschmalz angebraten und dann, wenn sie Farbe angenommen haben, mit trockenem Weißwein abgelöscht. Nach und nach gibt man das grobgeschnittene Wurzelgemüse hinzu; zuletzt die Tomaten und frische ganze Champignons (wenn sie nicht zu groß sind). Das Ganze muß jetzt eine knappe halbe Stunde mit einem Liter Fleischbrühe kochen und wird danach durchpassiert. Die so gewonnene Flüssigkeit reduziert man durch ständiges Erhitzen auf etwa einen Viertelliter. Nach und nach werden darin Butterstücke verrührt. Diese Soße wird ganz dunkel, fast schwarz. Man sollte mit ihrer Zubereitung noch vor dem

Braten der Kitzschlegel beginnen, damit sie rechtzeitig fertig ist und über das Fleisch gezogen werden kann.

Dazu passen als Gemüse Radieserl und Kohlrabi. Dabei werden die Radieserl in Wasser kurz angekocht und in Butter angeschwitzt. – Der Kohlrabi wird in bißfeste Scheiben geschnitten, gesalzen und gepfeffert, mit süßem Rahm bedeckt und in einer feuerfesten Form etwa eine halbe Stunde gegart.

Kitzleber mit Frühlingssalat (2 Personen)

1 Kitzleber
50 g Butterschmalz
Salz, Pfeffer
Je eine Handvoll Blätter von:
Löwenzahn, Sauerampfer, Brunnenkresse
einige Spitzwegerichblätter
2 gehäufte Eßlöffel feingewiegte junge Brennesseln
2 Eßlöffel Himbeer-Essig
1 Teelöffel Walnuß-Öl

Die ersten Vitaminspender im Jahr wachsen auf der Wiese. In der zweiten Aprilhälfte lohnt sich die Ernte. Da setzen Löwenzahn, Sauerampfer und Brunnenkresse erst zaghaft zur Blüte an, und die Blätter sind zart und wohlschmeckend. Nach der Blüte werden sie etwas bitter. Der Spitzwegerich paßt auch gut in das Salatgemisch; er fällt aber unter die 10-Prozent-Klausel. Er darf hinschmecken, aber nicht vorlaut werden. Sonst würde er wie ein einziger Gallenröhrling ein ganzes Schwammerlgericht verderben. Übrigens: beim Sammeln sollten Sie genau hinschauen. Es gibt nämlich auch noch den Breitwegerich. Wie schon der Name sagt, sind dessen Blätter weitausladend und bauchig; aber kein Vitamin ist drin. Die Brennessel wächst überall, wo man sie nicht haben will. Es wird gesagt, wenn man sie bei der »Jagd« forsch und fest anpackt, vergißt sie zu brennen. Ich zieh' mir lieber den Fehdehandschuh an. Also, aus den oben aufgeführten Blättern wird ein Salat zubereitet. Mit einem Himbeeressig. Das ist ein Weinessig, dem man zur rechten Zeit Himbeerfrüchte einverleibt hat. Wer das nicht getan hat, kann sich mit einem zusätzlichen Spritzer Himbeergeist behelfen. Walnußöl kriegt man zu kaufen. Man bereitet den Salat von »lockerer Hand«.

Die Kitzleber wird enthäutet, entsehnt, in dünne Scheiben geschnitten und in Butterschmalz nur eine Minute auf jeder Seite gebraten. Erst dann würzt man und bringt das Gericht zu Tisch.

Junge Geißen und frisches Grün haben gemeinsam den Frühling zum Paten. Und der menschliche Magenfahrplan richtet sich danach!

Hopfenbratnockerl

400 g Kalbsbrät	*1 Prise Salz*
1 Eßlöffel Butter	*2 Eßlöffel Petersilie*
1 Ei	*1 Teelöffel Muskat*
2 Eßlöffel Mehl	*2 Messerspitzen Hopfenextrakt*
5 Eßlöffel Semmelbrösel	*$^1/_2$ l Milch*

Dieses Schnellgericht gelingt Ihnen auch ohne Hopfenzusatz. Der beste Ersatz dafür ist in gleicher Menge schwarzer Pfeffer aus der Mühle. Aber versuchen Sie es dennoch, an Hopfen heranzukommen. Probieren Sie es im Reformhaus, bei der nächsten Brauerei oder gleich beim Hopfenbauern zur Erntezeit. Ihren Jahresbedarf – eine Handvoll Dolden – kriegen Sie wahrscheinlich geschenkt. Zu Hause trocknen Sie den Hopfen, zerreiben ihn und heben ihn gut verschlossen auf.

Das Rezept stammt vom Gastwirt und Metzgermeister Josef Boesl aus Elsendorf, wo es auch eine Hopfenwurst (Art Salami) zu kaufen gibt. Er wollte die längste Wurst der Welt machen (über 13 Zentner). Das Vorhaben scheiterte zunächst an der Verpackung. Der Sepp ist 1982 bei einem Verkehrsunfall ums Leben gekommen. Sein Motto war: Was im Bier gut schmeckt, paßt auch in die Wurst! Seine Frau führt das Geschäft im Sinne des Erfinders weiter. Hopfenbratnockerl gibts fast jeden Tag im »Elsendorfer Hof«.

Die Zutaten werden in der oben genannten Reihenfolge nach und nach in einer Schüssel gut verrührt. Dann formt man mit zwei Eßlöffeln schöne Nockerl und läßt sie je nach Verwendungszweck in Fleischbrühe oder leichtem Salzwasser zehn Minuten ziehen. Als Suppeneinlage ist das Rezept jetzt zu Ende. Man kann die Nockerl aber auch aus dem Salzwasser nehmen und in der Pfanne mit etwas Fett braten. Dann sind sie, mit Tomaten und Salat serviert, ein Hauptgericht.

Mostbraten

2 Pfund Surfleisch
$^1/_2$ l Most
2 Knoblauchzehen
$^1/_2$ Eßlöffel gemahlener Kümmel
$^1/_2$ Eßlöffel ganzer Kümmel
1 Eßlöffel Schweineschmalz
1 Pfund Kartoffeln

Das Fleisch wird mit gemahlenem Kümmel und zerdrücktem Knoblauch eingerieben und in Schweinefett in der Reine gut angebraten. Nach und nach wird mit Most aufgegossen. Die Bratzeit beträgt gut eine Stunde. 20 Minuten vor dem Garwerden schneidet man rohe Kartoffeln in Scheiben in die Reine. Sie werden mit ganzem Kümmel gewürzt. Und wer jetzt fragt: Wo bleibt das Salz?, dem sei geantwortet: Das ist reichlich bereits im Surfleisch (»sur« kommt von sauer) vorhanden, jenseits des Mains auch als Pökelfleisch bekannt. Auch die verhältnismäßig kurze Bratzeit erklärt sich daraus, daß die Sur das Fleisch bereits vorgegart hat.

»Hausgeheimnis« (2 Personen)

So steht es im Landgasthof »Winbeck«, mitten im niederbayerischen Bäderdreieck (Birnbach-Griesbach-Füssing) gelegen, auf der Speisenkarte. Dieses Wirtshaus ist auch noch für andere angenehme kulinarische Überraschungen gut. Wir haben sie in dieses Buch mitaufgenommen. Aber lüften wir jetzt das »Hausgeheimnis«:

200 g Schweinsfilet	1 Eßlöffel Petersilie
Salz, Pfeffer	1 Teelöffel Mehl
1 Eßlöffel Butter	4 Scheiben Doppelrahmkäse
200 g Schwammerl	Sauerrahm

Aus einem Stück Filet werden acht Scheiben geschnitten, leicht geklopft und in Butter auf beiden Seiten je zwei Minuten gebraten. Dann nimmt man die Fleischstücke aus der Pfanne und stellt sie warm. Im verbliebenen Fett werden die blättrig geschnittenen Waldschwammerl oder Champignons angedünstet, mit etwas Mehl bestäubt und mit Sauerrahm verrührt; feingehackte Petersilie kommt zum Schluß ebenfalls darunter. Jetzt erst wird gesalzen und gepfeffert. Dann gibt man die Filetscheiben wieder in die Pfanne und läßt alles noch einmal etwa drei Minuten ziehen. Nun schneidet man vier dünne Scheiben Doppelrahmkäse auf und bedeckt damit das Gericht, das in das vorgeheizte Bratrohr oder unter den Grill kommt, bis der Käse zerlaufen ist.

Ratsherrenteller (3 Personen)

Beize:	1 Schweinsfilet
je $^1/_3$ Wasser,	100 g Butter
Rotwein und Essig	1 Zwiebel in Ringen
1 Lorbeerblatt	2 Teelöffel scharfer Senf
2 Nelken	20 g Kräuterbutter
etwas Zitronenschale	$^1/_8$ l süßer Rahm
1 kleine Zwiebel (halbiert)	

Das ist die Erfindung von der Großmutter einer heutigen Oma in Aidenbach in Niederbayern. Im »Berggasthof« kehrten nach anstrengender Sitzung stets die Gemeinderäte ein, und der damaligen Bergwirtin ist es auf einmal zu langweilig geworden, daß sie ewig bloß Schweinsbraten, Kalbsbraten, »Bifflamot« und Lüngerl anbieten konnte. So hat sie den »Ratsherrenteller« aus der Taufe gehoben, und seither sind Abertausende auf den richtigen Glauben gekommen, daß aus was Gutem nur Gutes entstehen kann, wenn man mit den Gaben Gottes richtig umgeht.

Ein Schweinsfilet reicht bloß für drei Esser. Da kriegt jeder drei doppelte Scheiben auf den Teller. Das läßt sich so erklären: Man fängt auf einer Seite an, macht nach einer Daumenbreite einen Schnitt durchs Filet; aber keinen ganzen. Der »Durchschnitt« kommt erst als zweiter. So haben Sie jetzt ein Stück Fleisch abgeschnitten, das sich in zwei Hälften auseinanderklappen läßt; verbunden lediglich mit den paar Fasern, die man bei der ersten Trennung belassen hat. Die zwei Hälften werden nun nicht geklopft, sondern nur ein wenig angedrückt. So verfährt man weiter, bis nichts mehr zum Schneiden da ist. Wenn man sich's richtig eingeteilt hat, müßten neun Zwillinge herauskommen, die in der Pfanne in Butter und Zwiebelringen gebraten werden. Weil das Fleisch vorher einen Tag lang gebeizt wurde, bleiben die Stücke auf jeder Seite bloß drei Minuten in der Pfanne. Die Zwiebeln tut man erst dazu, wenn die Filets umgedreht werden.

Zur Soßenzubereitung nimmt man das Fleisch kurz heraus. In den Bratenfond rührt man scharfen Senf, Kräuterbutter und zum Schluß süßen Rahm. Wenn erforderlich, noch mit Salz abschmecken. Zusammen mit den Filets läßt man die Soße noch kurze Zeit dahinköcheln und gießt ein paar Löffel voll von der Beizflüssigkeit hinzu. Als Beilage gibt's eine Kartoffelspeis' und grünen Salat.

Saure Watschn

Wer nicht weiß, was eine Watschn ist, hat noch nie eine gekriegt. Im Bräustüberl der Brauerei Hacklberg bekommt man zur rechten Zeit eine serviert, und man muß dafür noch bezahlen. Aber das tut man gern, denn die Watschn aus Passau schmeckt im Gegensatz zur Fotzn oder Schelln zwar kräftig, aber delikat. Wenn's nicht was zum Essen wär, stünd's nicht in einem Kochbuch drin.

1 Eßlöffel Schweineschmalz	*1 Eßlöffel Mehl*
1 Zwiebel	*Salz, Pfeffer, Paprika*
je 150 g Innereien	*1 l Fleischbrühe*
vom Schwein:	*2 Doppelstamperl Essig*
Kronfleisch, Herz, Niere,	*$^1/_8$ l saurer Rahm*
Leber, Hirn	*$^1/_8$ l süßer Rahm*

Damit das ganze eine pfundige Schweinerei wird, läßt man im Tiegel Schweinefett zergehen und schmalzt darin eine gehackte Zwiebel glasig an. Dann kommen nach und nach die Innereien hinzu, die in Stücke wie zu Gulasch geschnitten sind. Zuerst gibt man das Kronfleisch (Zwerchfell, von Häuten befreit) hinein, das mindestens eine halbe Stunde braucht, bis es gar ist. Danach läßt man das Herz mitdünsten, schließlich die Nieren und am Schluß erst die Leber, damit sie nicht hart wird. Das Hirn kommt erst kurz vor dem Servieren an das Gericht. Die Innereien werden gut durchgerührt und kräftig gewürzt, also mit mindestens 2 Prisen Salz, Pfeffer und Paprika. Dann bestäubt man alles mit ein wenig Mehl, damit das Ganze eine Bindung erhält, und gießt mit heißer Schweinssuppe auf. Rinderbrühe ist freilich ein guter Ersatz. Zwei ergiebige Schuß Essig läßt man mitkochen, dann wird das Gericht bloß noch am Herdrand zugedeckt fertiggeköchelt, weil man inzwischen sauren und süßen Rahm dazugerührt hat, der nicht mehr aufwallen sollte. Auch das Hirn kann nicht zu viel Hitze vertragen und sollte beim Servieren als solches noch zu erkennen und nicht verkocht sein. Man ißt mit dem Löffel, und ein verdorbener Magen merkt schon beim ersten Verpflegungsempfang, daß ihm eine heilsame Watschn verabreicht wird. Und wenn er noch eine Brezen oder einen Semmelknödel dazubekommt, dann sagt er bestimmt auf seine Art: Danke!

Rindfleisch mit Porree-Zwiebelgemüse

1 ¹/₂ Pfund Rinderbrust
Suppengrün
¹/₂ l Wasser
1 Pfund Zwiebeln
¹/₂ l Weißwein
1 Pfund Porree
1 Knoblauchzehe
1 Eßlöffel Öl

50 g Buttermehlkugel
¹/₄ l Sauerrahm
2 Eßlöffel Kren
je 1 Prise Salz, Pfeffer, Zucker

Grünzeug: *Dill, Schnitt-*
lauch, Petersilie
Beilage: *Bratkartoffeln*

Das Fleisch wird im Ganzen heiß zugesetzt, damit es saftig bleibt. Es muß fast drei Stunden im üblichen Suppengrün kochen. Das Gemüse ist in gut einer halben Stunde gar. Zuerst wird Wasser in einem Tiegel heiß gemacht und dann kommen die grobgewürfelten Zwiebeln dazu. Man läßt sie einmal aufkochen, löscht mit herbem Weißwein ab und dünstet das Ganze zugedeckt eine Viertelstunde. Danach werden die Porreestücke (1 Stange in 3 bis 4 Teile schneiden) und eine in Öl zerquetschte Knoblauchzehe eingerührt. Deckel zu und noch einmal eine Viertelstunde dünsten, dabei gelegentlich umrühren. Das weiche Gemüse wird mit einer Buttermehlkugel leicht gebunden. Wenn das Gemisch bloß mehr leicht köchelt, kommen noch Sauerrahm, frischgeriebener Kren und feingehacktes Grünzeug hinzu. Abgeschmeckt wird mit Salz, Pfeffer und Zucker. Das Gemüse paßt gut zu dem saftigen Rindfleisch. Und Bratkartoffeln schmecken auch dazu, meint der Chef vom Restaurant »Danner« in Gangkofen.

Gesurtes Rindfleisch (8 Personen)

Wenn vom Surfleisch die Rede ist, dann meinen die Leut' meistens das Schweinerne. Aber, warum sollte man nicht auch Rindfleisch einsuren (pökeln) können? Der Wirt eines niederbayerischen Nachtlokals braucht solche sauren Sachen für seine späten Gäste zum 3-Uhr-Frühstück.

3 Pfund Rindsschulter
3 Eßlöffel Salz
1 Teelöffel Selleriesalz
1 Teelöffelspitze Nelken

1 Teelöffelspitze Piment
1 Teelöffel Pfeffer
1 Eßlöffel Wacholderbeeren
50 g Sellerie

1 Petersilwurzel	5 Zwiebeln
1 Gelbe Rübe	scharfer Senf
1 Porreestange	6 Scheiben Wammerl
(Zwiebelröhrl)	

Eine ausgelöste Rindsschulter wird mit den genannten Gewürzen gut eingerieben und in ein passendes (wenn möglich Steingut-) Gefäß gelegt. Man umgibt es ringsum mit dem kleingeschnittenen Wurzelwerk und läßt es einige Tage an einem kühlen Ort Saft ziehen. Will man das Fleisch länger aufbewahren, muß man so viel Salzwasser zugießen, bis es bedeckt ist. Dann nimmt man die gesurte Rindsschulter heraus, bestreicht sie ringsum mit scharfem Senf und umwickelt sie mit geräucherten Wammerlscheiben. Dann wird das Fleisch in Alu-Folie eingewickelt und im Rohr bei 200 Grad eineinhalb Stunden gegart. Dabei muß von Zeit zu Zeit heißes Wasser zugegossen werden. Insgesamt ein halber Liter genügt. Danach läßt man das Fleisch abkühlen, wickelt es aus und schneidet es in gewünschte Scheiben. Man ißt es kalt auf dem Holzbrett. Ein guter Mageneinrichter!

Faschingsspieß (2 Narrische)

50 g Pflanzenfett	50 g Champignons
200 g Schweinsfilet	2 Peperoni
100 g Rindfleisch (Oberschale)	1 Knoblauchzehe
100 g geräuchertes Wammerl	1 Tomate
1 Zwiebel	1 Teelöffel scharfer Paprika
Salz, Pfeffer	1 Essiggurke
1 Paprikaschote	

Nach dem Ball sind die Narren froh, wenn sie ein Wirtshaus erwischen, in dem man noch einen guten Mageneinrichter bekommt und nicht bloß Weißwürst. Beim Bergwirt in Aidenbach zwischen Rottal und Donau kriegt man für solche Fälle einen höllisch gewürzten Faschingsspieß. Und einen stockdamischen Salat dazu.
Das Fleisch wird so zurechtgeschnitten, daß es auf den Spieß paßt. Es wird in der Pfanne in Zwiebelringen und Pflanzenfett gebraten in Gesellschaft von einer in Streifen geschnit-

tenen Paprikaschote, Champignons, Tomatenwürfeln, Scheiben einer Essiggurke, einer zerdrückten Knoblauchzehe und zwei Peperoni. Reichlich eingestreut werden Salz, Pfeffer und scharfer Paprika. Man rührt und schwenkt dieses Schnellgericht bei starker Hitze in der Pfanne hin und her und serviert es auch im Bratgefäß. Was man aufstecken kann, kommt dabei auf den Spieß.

Dazu gibt's einen Salat aus: Äpfeln, Bananen, Nüssen, Weintrauben, Zwiebeln, Käse und Hering in Essig und Öl. Prost Mahlzeit!

Kater-Frühstück

Der kalte Fleischsalat besteht aus:

250 g Rinderbrust	*1 Senfgurke*
250 g Surfleisch	*1 Teelöffel Tomatenmark*
1 Zwiebel	*Salz, Pfeffer*
1 Eßlöffel Weißwurstsenf	*2 Eier*
1 Knoblauchzehe	*2 Doppelstamperl Estragon-*
2 Eßlöffel Champignons	*Essig*
	1 Teelöffel Olivenöl

Zu erklären ist hier nicht mehr viel, höchstens daß Surfleisch ein gepökelter Schweinsbraten ist, der genau wie das gekochte Rindfleisch zuerst in Scheiben, dann in Streifen geschnitten wird. Er kommt zuunterst in die Salatschüssel. Die anderen Zutaten folgen in der oben angeführten Reihenfolge: die Zwiebeln und die Eier dabei in Scheiben, ebenso die Senfgurke (ein bißchen Flüssigkeit aus dem Glas mitgießen). Die Knoblauchzehe ist in Salz sehr fein gehackt. Man kann auch Feldsalat und Brunnenkresse in den Salat und seiner Tänzerin einen Kuß geben.

Saures Lüngerl

1 Schweinslunge	*Wurzelwerk*
1 Schweinsherz	*Gewürzmischung*
1 Schweinskron	
	100 g Schweineschmalz
Beize:	*3 Eßlöffel Mehl*
Wasser	*3 Tassen von der Beize*
$^1/_8$ l Essig	*$1^1/_2$ l vom Sud*

Lunge, Herz und das Kronfleisch werden in Salzwasser gut eine Stunde gekocht, nach dem Erkalten in Streifen geschnitten und in eine Beize getan. Diese besteht aus so viel Wasser, daß die Innereien gut bedeckt sind, etwas Essig, einer mit 3 Nelken besteckten Zwiebel, einem Lorbeerblatt, Pfefferkörnern, einem Stück Lauch, Sellerie und einer Petersilwurzel. Die Hautlappen vom Schweinskron sollte man nicht mitverwenden, den Absud aufheben. Das Lüngerl bereitet man nämlich erst am nächsten Tag zu.

In einem Tiegel macht man eine braune Einbrenne und löscht mit Beizflüssigkeit ab. Wenn alles glatt verrührt ist, gießt man das Kochwasser hinzu (wenn man beim Kochen so viel genommen hat, daß das Fleisch bedeckt war, braucht man es ganz) und läßt alles gut kochen. Zum Schluß wird das Geschnittene aus der Beize eingerührt und alles heiß gehalten. Dazu gibt's Semmelknödel oder Salzkartoffeln. Auf der »Post« in Bayerbach hat die Wirtin kleingehackte Schweinsfüaßl mitgekocht. Für die »Fiesler«.

Lüngerl à la Allah

1979 drehten wir in der Abtei Niederaltaich für die Schmankerlküche ein »Lüngerl«. Abt Placidus hatte als Geschäftsführer und Chefkoch für seinen »Klosterhof« einen gläubigen Mohammedaner angestellt. Der Tunesier Taufik Abid nahm weder Alkohol zu sich, noch aß er Schweinefleisch. Seine Kundschaft aber bestand in der Hauptsache aus an Schweinernes und Bier gewohnten Katholiken, davon sogar welche geistlichen Standes. Taufik Abid hatte schnell begriffen, daß zwischen Kochen und Essen ein Unterschied ist, und so probierte er natürlich dienstlich das heiße Züngerl eines ihm verbotenen Ferkels aus und schmeckte genüßlich immer wieder mit Rotwein ab. »Zunge nicht Fleisch«, sagte er, und »Alkohol werden heiß und fliegt in Luft«. Und so macht er sein Lüngerl aus:

1 Schweinszüngerl	*Wurzelwerk*
$^1/_2$ Kalbslunge	*1 Lorbeerblatt*
1 Kalbsherz	*einige Nelken*
1 Tafelspitz (1 Pfund Rindfleisch)	

111

Das Fleisch und die Innereien werden in Salzwasser mit dem üblichen Wurzelwerk (Gelbe Rübe, Sellerie, Petersilie, Zwiebel), einem Lorbeerblatt und ein paar Nelken gekocht. Dann schneidet man sie lüngerlgerecht in Streifen bzw. in Würfel und gibt sie in die Beize. Sie besteht aus einem Teil des passierten Sudes, Rotwein und Essig und soll das Geschnittene bedecken. Da bleibt es zwei Tage. Danach bereitet man im Tiegel eine dunkle Einbrenne aus Fett, Zwiebeln und Mehl, löscht mit Fleischbrühe und einem Teil der Beizflüssigkeit ab (insgesamt 1 l Brühe, $^1/_2$ l Beize), rührt das Lüngerlfleisch ein und läßt alles gut kochen. Abgeschmeckt wird mit Salz, Pfeffer, Zucker, Petersilie, Zimt und Rotwein. »Wenn Allah zusehen, du nehmen Essig«, meinte Taufik Abid. Mir aber schaut der liebe Gott zu, und der mag selbst einen guten Tropfen. Das weiß man seit der Hochzeit von Kanaan.

Rehaufbruch

Leber, Herz, Niere vom Reh	*2 Bund Petersilie*
3 Eßlöffel Butterschmalz	*1 Eßlöffel Thymian*
4 Zwiebeln	*Salz, Pfeffer*
2 Eßlöffel Mehl	*1 Eßlöffel Butter*
$^1/_8$ l Rotwein	

Die Innereien werden streifig wie zu einem Lüngerl geschnitten. Dann läßt man in einer großen Pfanne Butterschmalz zerlaufen (man kann auch Butterschmalz und Butter mischen) und dünstet darin die feingehackten Zwiebeln braun. Hernach rührt man die Innereien ein : zuerst das Herz, dann die Niere, zum Schluß die Leber. Nach dem Stauben mit Mehl wird mit einem kräftigen Rotwein abgelöscht. Man läßt weiterkochen, mischt kleingehacktes Petersilkraut und Thymian dazu und würzt erst kurz vor dem Servieren, mit Salz und Pfeffer, damit die Leber nicht hart wird. Das Ganze ist ein Zehn-Minuten-Gericht. Zum Schluß läßt man noch ein paar Butterflocken einziehen. Übrigens : Nach überliefertem Jagdrecht steht der Aufbruch jeweils dem Schützen zu, nicht dem Jagdherrn.

Rehragout

1 $^1/_2$ Pfund Rehfleisch (s. Rezept)	**Einbrenne:**
	30 g Fett
Zur Beize:	40 g Mehl
$^1/_2$ l Wasser	$^1/_2$ Teelöffel Zucker
$^1/_2$ l Obstessig	1 Prise Salz
$^1/_2$ l Rotwein	Wasser zum Ablöschen
1 Zwiebel (geviertelt)	
2 Lorbeerblätter	**Abschmecken mit:**
1 Dutzend Wacholderbeeren	Zitronenschale
1 Dutzend Pfefferkörner	Piment, Muskat, Salz
5 Nelken	Suppenwürze
	Rotwein

Dieses Gericht gab's (und gibt's auch heute noch) nach einer Treibjagd. Meistens kriegten die Treiber ein Hasenragout (aus der am gleichen Tag erlegten »Strecke«), die Herren Jäger aber aßen ein Rehragout. So war's halt standesgemäß! Was besser schmeckte, kam ganz darauf an, ob die Köchin in den Jagerloisl verliebt war, oder ob sie's lieber mit einem Treiber trieb.

Zum Rehragout nimmt man natürlich nicht das edelste Fleisch her wie Rücken oder Schlegel, sondern Bauchfleisch und ausgelöstes Beinfleisch. Auch Hals und Bug gehören dazu, eventuell noch Herz und Lunge. Die Beize wird aus den obigen Zutaten eine halbe Stunde gekocht und abgekühlt über das bereits (mundgerecht) zerkleinerte Fleisch gegossen. Die Flüssigkeit muß das Fleisch bedecken, das darin mindestens zwei Tage liegen bleibt. Bei der Zubereitung werden die Fleischteile in der Beize ausgekocht, dann mit einer braunen Einbrenne fertig gegart. Das dauert etwa eine gute Stunde. Zum Schluß wird abgeschmeckt, wozu man die oben genannten Zutaten bestens empfehlen kann.

Zum Ragout gehört in den Teller ein heißer Semmelknödel oder eine gerade gekochte, abgeschälte Kartoffel. Und daneben a frische Maß!

Rehschlegelbraten

1 Rehschlegel (2-3 Pfund)	$^1/_8$ l Wildfond
Buttermilch	$^1/_8$ l Rahm
Salz, Pfeffer	2 Eßlöffel Preiselbeeren
2 Eßlöffel Schweineschmalz	$^1/_8$ bis $^1/_4$ l Rotwein
2 Gelbe Rüben	4 cl Brombeerlikör
2 Petersilwurzeln	$^1/_2$ l Fleischbrühe
2 Eßlöffel Grünzeug	

Es handelt sich hier um den Hinterlauf eines Rehs mit vielen
Lauf- und Springstunden. Das Fleisch ist dabei recht musku-
lös und für unsere menschlichen Begriffe eher zäh geworden.
Also braucht es eine Verjüngungskur. Und da sagt der Wirt
von der Post in Prienbach bei Simbach/Inn: »In dem Fall
gibt's nix Bessers, als des Fleisch drei Tag in Buttermilli leg'n,
aber net länger! Sonst wirds wieder flachsig und zach«. Der
marinierte und gehäutete Braten wird getrocknet, mit Salz
und Pfeffer kräftig eingerieben und kommt in die Reine zu
zerlaufenem Schweineschmalz. Er wird zehn Minuten im
Rohr auf beiden Seiten scharf angebraten, dann gibt man das
grobgeschnittene Wurzelwerk und Grünzeug der Saison hinzu. Aufgegossen wird zunächst mit Fleischbrühe, später wird
die Soße verfeinert mit dem aus Rehknochen, Wurzelwerk
und Rotwein gezogenen Fond, Rahm, Preiselbeeren und Rotwein. Erst ganz zum Schluß wird noch ein Doppelstamperl
Brombeerlikör (Kroatzbeere) dazugegossen. Die Bratzeit beträgt ungefähr $1^1/_4$ Stunden. Dazu passen Spätzle und ge-
dünstete halbierte Birnen, mit Preiselbeeren gefüllt.

Des is' scho druckt:

In »Bayerische Schmankerlküche«: Auszogne Küachl S. 112
– Dampfnudeln S. 94 – Erdäpfelkaas S. 80 – Gesottene Gans
S. 38 – Gansjung S. 39 – Hopfenspitzensalat S. 90 – Kletzen-
brot S. 114 – Rupfhauben S. 97 – Oblatenküachl (Stallfens-
ter) S. 112.
»Bayerische Schmankerl fürs ganze Jahr«: Dafaide Eröpfö
S. 93 – Gansbraten S. 90 – Hasenöhrl S. 95 – Rott-Nudeln
S. 97.

114

Auf's Gebirg zua

Bacha - gfischt - gschossen

Apfelstrudel

Oder: Keine Angst vor'm Ausziehen! Der Strudelteig ist bei vielen Hausfrauen gefürchtet. »Einmal und nie wieder« sagen sie, wenn sie sich ihren ersten Versuch ins Gedächtnis zurückrufen. Wie sie vor dem Nudelbrett gestanden sind und einen Teigfleck auseinandergezogen haben, der sich nicht dehnen ließ, oder wenn, dann aus mehr Löchern bestand als aus einer Mehlhaut. Dabei gibt es einen Strudelteig, den man nicht mit den Händen »ziehen« muß, sondern nur auswalken, und dies nicht einmal zu dünn.

Teig:

600 g Mehl	*20 g Salz*
100 g Butter	*300 g Milch*

Der Teig wird zunächst in einer Schüssel mit dem Kochlöffel oder mit der Hand gut vermengt und dann auf dem Nudelbrett weitergeschlagen, bis er fest, geschmeidig und glänzend ist. Man formt daraus zwei Kugeln und läßt sie zugedeckt eine Stunde ruhen. Zur Füllung braucht man:

3 Pfund Äpfel	*70 g Butter*
100 g Zucker	*2 g Zimt*
100 g Topfen	*70 g Sultaninen*

Zum Begießen:
ca. $^1/_4$ l Milch

Man sollte leicht säuerliche Äpfel verwenden. Sie werden geschält, vom Kernhaus befreit und dünn aufgeschnitten. Weiter kommen in die Schüssel: der Zucker, nasser Topfen, etwas Zimt und zerlassene Butter. Das alles wird gut verrührt.
Jetzt geht's weiter mit dem Teig. Von jeder Kugel erhält man eine Reine voll Strudel. Der Teig wird auf dem Nudelbrett (leicht bemehlt) etwa messerrückendick und in der Länge des Backgefäßes (man kann auch ein Blech hernehmen) ausgewalkt. Dann untergreift man ihn und legt ihn auf ein Tuch, damit man ihn später besser einrollen kann. Das geschieht von beiden Längsseiten her, sobald die Füllung gleichmäßig aufgetragen ist. Wenn sich die zwei Rollen in der Mitte treffen,

wird das Ganze etwas an- und zusammengedrückt und vorsichtig in die mit Butter ausgestrichene Form gelegt. Die Backzeit im vorgeheizten Rohr beträgt eine Stunde bei 180 Grad. Nach 40 Minuten muß man allerdings den Strudel mit so viel Milch übergießen, wie er aufsaugen kann. Fertiggebacken, wird er in Portionen geschnitten und gegessen. Heiß schmeckt er besonders gut.

Kaiserschmarrn

6 getrennte Eier	150 g Milch
100 g Mehl	Backfett
1 Prise Salz	(Sultaninen in Rum)

Die Eidotter werden schaumig gerührt, das Eiweiß mit dem Salz zu Schnee geschlagen. Diesen hebt man vorsichtig unter die gelbe Masse, ebenfalls anschließend das Mehl. Zum Schluß wird die Milch druntergerührt. Der Teig wird nun in der Pfanne wie ein dicker Pfannkuchen auf der einen Seite gut gebräunt, gewendet und dann nur noch angebraten, weil man schon jetzt beginnt, ihn in große Stücke zu stechen. Wenn diese mundgerecht zerkleinert sind und rundum braun, kann der Kaiserschmarrn serviert werden. Beim Kotter-Bäck in Mühldorf kriegt man ein Glasl mit »bsuffane Weinbeerl« hingestellt; das sind in Rum getränkte Sultaninen. Die kann sich, wer mag, selber in den Schmarrn mischen. Das Zuckerbüchsl steht auch daneben, der Kaffee dampft aus'm Schalerl, da heißt's bloß noch : Zugreifen !

Riesen-Windbeutel

3 dl Wasser	1 l Sahne (geschlagen)
140 g Butter	Puderzucker zum Bestreuen
1 Prise Salz	**Zur Füllung :**
140 g Mehl	Früchte der Saison
350 g Eier (= 6 bis 8 Stück)	Eis

Das Cafe Mühlbauernhof in Ruhpolding nennt sich auch »Zur Windbeutelgräfin« und macht diesem Namen alle Ehre.

Ich kam bei Fernsehaufnahmen gerade zurecht, als man dem Dreihundertachtundsechzigtausendsten das weißblaue Papierfahndl an die Kappe steckte. Jeder verkaufte Windbeutel wird nämlich gezählt. Es sind Riesen aus Brandteig mit köstlicher Füllung.

Bei Maß und Gewicht geht es peinlich genau. Im Tiegel werden exakt 300 g Wasser (50 g mehr als ein Viertelliter) und 140 g Butter erhitzt. Die Butter muß bereits zerlaufen sein, bis das Wasser zu kochen beginnt. »Wenn davon zu viel verdampft, stimmt das Rezept nicht mehr«, erklärt dazu der Wirt und Koch. Man salzt und gibt auf einmal das gesiebte, klebereiche Mehl in den Topf. Es wird so lange gerührt, bis ein fester Klumpen entsteht, der sich vom Topfrand löst. Man läßt ihn fünf Minuten abkühlen, damit die Eier nicht gerinnen, die nun langsam nacheinander mit einem hölzernen gelochten Kochlöffel unter den Teig gezogen werden. (Nicht mit dem Schneebesen schlagen!) Man arbeitet dabei nicht mehr auf dem heißen Herd. Den ziemlich dünnen Teig verteilt man nun in sechs Portionen auf dem gefetteten Blech, und zwar zweimal. Den größten Teil der Masse läßt man zuerst flächig auf die Backunterlage rinnen, darauf setzt man dann aus dem Rest Flocken oder kleine Kappen in die Mitte. Gearbeitet wird dabei mit dem Teigschaber. Die Backzeit im vorgeheizten Rohr beträgt 30 bis 35 Minuten. Man schiebt das Blech bei einer Temperatur von 260 Grad ein und stellt nach zehn Minuten auf 240 Grad herunter.

Nach dem Herausnehmen läßt man die Windbeutel abkühlen, schneidet sie dann im unteren Drittel quer durch und belegt den Boden mit der Füllung. Für sie verwendet man Früchte der Saison, z. B. Erdbeeren, Sauerkirschen, gestückelte Pfirsiche. Man kann auch Eingemachtes hernehmen und den Saft davon in etwas Wein aufkochen, mit Speisestärke binden und zuckern. Auf die Früchte kommen leicht gezuckerter und mit Vanille aromatisierter Schlagrahm und im Sommer zusätzlich noch ein paar Kugeln aus Schokoladeneis.

Maraschino-Pudding

8 Eidotter   1 Liter Sahne
150 g Zucker   100 g Biskuit
$^1/_4$ l Maraschino   100 g Russisches Brot
$^1/_8$ l Wasser   100 g gebrannte Mandeln
9 Blatt Gelatine (weiß)

Ja, das ist ein Festtags-Pudding. An »heiligen Tagen« wird er im Hotel Lindner in Bad Aibling serviert. Die Chefin hat das Rezept nicht gern hergegeben, aber als sich herausgestellt hat, daß sie, mein Kameramann und ich im gleichen Jahr auf die Welt kommen sind, da hat sie erst einmal eine gute Flasche Wein aufgemacht, und dann war's nicht mehr ganz schwer . . Zunächst braucht man ein Gefäß, das sich für's Wasserbad eignet, am besten ein Casserol oder einen tiefen Tiegel mit Griff. Darin verschlägt man – vom heißen Wasserbad umgeben – mit dem Schneebesen die Eidotter mit dem Zucker, dem Maraschino und dem Wasser. Wenn alles gut verrührt ist, gibt man nach und nach die in kaltem Wasser eingeweichten weißen Gelatineblättchen hinzu. Man rührt so lange, bis sie in der cremigen Masse verschwunden sind. Dann bringt man das Gefäß in die Kälte (Schnee, kaltes Wasser mit Eiswürfeln) und schlägt den Teig weiter, bis er kurz vor dem Zusammenstehen ist. Dann kommt er in ein anderes Gefäß mit steifgeschlagenem Rahm, der mit zerbröckeltem Biskuit, russischem Brot und gebrannten Mandeln unter die Schaummasse gehoben wird. Den fertigen Teig füllt man in gut mit Öl ausgepinselten Puddingformen. Erst am nächsten Tag stürzen! Aufgeschnitten sieht der Pudding aus wie bunter Marmor. Biskuit, Russisches Brot und die gebrannten Mandeln haben sich aufgelöst und bilden lustige Farbflecke.

Fischsalat

400 g Fischfilets	**Soße:**
¹/₄ l Fischsud	3 Eßlöffel Öl
¹/₄ l Weißwein	4 Eßlöffel Essig
150 g Fenchel	Salz, Pfeffer nach Geschmack
200 g Grüne Bohnen	1 Eßlöffel Petersilie
50 g Champignons	2 Tomaten

Dieser Salat läßt sich aus allen grätenarmen Fischen zubereiten. Beim Landgasthof Huber in Purkering ist ein Forellen-
wasser dabei, das aus der Alz kommt. Ganz klar, daß man
die hauseigenen Salmoniden verwertet hat.
Die Fischfilets werden zu kleinfingerdicken Streifen quer
geschnitten. Man pochiert sie in einem Gemisch aus dem Absud der Köpfe, Flossen und festen Gräten mit Wein. Sie
dürfen also bloß bis zum Kochen kommen aber den Siedepunkt nicht überschreiten. Auch das Gemüse wird in einem
anderen Topf gerade bis »zum Biß« in Salzwasser geköchelt:
der Fenchel in feinen Streifen, die Bohnen in Stücken, die
Schwammerl in Blättern. Danach gießt man die Fische und
das Gemüse ab und läßt alles erkalten. In die Salatschüssel tut
man als erstes Öl, dann Essig, würzt mit Salz, Pfeffer und gehackter Petersilie und verteilt dann das Gemüse darauf. Darüber gießt man so viel vom Fischwasser-Wein-Gemisch, daß
es bedeckt wird. Ganz obenauf kommen die Fische. Mit zwei
Löffeln mischt man den Salat vorsichtig durch, läßt ihn ein
wenig ziehen und bringt ihn an den Tisch.

Graskarpfen in Gemüse

Man kennt sie bei uns erst seit lange nach dem Krieg. Man hat
sie aus den russisch-chinesischen Grenzflüssen Amur und
Issuri geholt und in unseren Gewässern heimisch gemacht:
die Graskarpfen. Sie sehen eigentlich mehr den Weißfischen
ähnlich und fressen täglich das 7fache ihres Körpergewichtes.
Allerdings bloß Gras. Gras, das im Wasser wächst. Gras, das
manchen See verlanden lassen würde. In diese Gefahrenge-
biete hat man nun die mongolischen Fische eingesetzt und

läßt sie erfolgreich grasen. Manche von ihnen müssen auch für bayerische Köchinnen ins Gras beißen. Denn inzwischen weiß man, daß sie (die Fische) ein festes Fleisch haben, wenige und große Gräten und geschmacklich »so zwischen Hecht und Zander« (Zitat eines Fischers) liegen.

1 Graskarpfen (2 Pfund)	1 Prise Zucker
Zum Sud:	2 Zitronenscheiben
2 l Wasser	**Gemüse:**
3 Prisen Salz	125 g Gelbe Rüben in Streifen
$^1/_8$ l Essig	125 g Porree in Scheibchen
1 Lorbeerblatt	2 Zwiebeln in Ringen
12 Wacholderbeeren	125 g Sellerie in Streifen
12 Pfefferkörner	1 Stück Krenwurzel

In dem Sud läßt man den in 4 Tranchen geschnittenen Fisch mit den Gemüsen einmal aufkochen, dann 30 Minuten ziehen. Er wurde, da portioniert, heiß zugesetzt. Wenn er fertig ist, richtet man ihn auf einer vorgewärmten Platte an, überzieht ihn mit dem feingeschnittenen Gemüse und reibt noch etwas Kren daran. Dazu gibt's heiße, zerlassene Butter und Petersilkartoffeln.

Renken, gebacken

Das Rezept stammt von der »Austrags«-Wirtin Susanne Obermair (1982 war sie 80 Jahre alt), einst weitbekannt als »Lercherl vom Chiemsee«, eine gefeierte Sängerin also. Sie war aber auch eine begeisterte Köchin und stand 60 Jahre lang im Gasthaus »Zur schönen Aussicht« in Breitbrunn am Herd. Wie viele Fisch' sie wohl schon gebraten hat? »Hunderttausend langen net« meint sie. Vor allem waren es Renken, die den Chiemsee und die bayerischen Alpenseen als Zuhause lieben. Die gleichen Fische, die im Bodensee schwimmen, heißen Felchen. Also nur der Name ist anders.

2 Renken zu je $^1/_2$ Pfund	Saft von $^1/_2$ Zitrone
2 Eßlöffel Butterschmalz	Salz, Pfeffer
Mehl zum Panieren	

Die Fische werden innen und außen gesalzen, und dann kommt das »außerdem«: nämlich bloß außen eingepfeffert.

Man wendet sie in Mehl und brät sie in der Pfanne in Butterschmalz braun. Für jede Seite sind drei Minuten im heißen Fett vorgesehen. Dann kommen sie noch zehn Minuten bei Mittelhitze (175 bis 200 Grad) ins Rohr, worin sie noch gut durchziehen. Erst nach dem Servieren mit Zitronensaft beträufeln! Beilagen: grüner Salat, Kartoffelsalat.

Geräucherte Seeforellen-Pastete

1 geräucherte Forelle (1 Pfund)	*$^1/_8$ l Schlagrahm*
$^1/_4$ l Rahm	*3 Blatt Gelatine*
1 Stamperl Sherry	*$^1/_8$ l Weißwein*
1 Tomate	*1 Prise Salz*
1 Prise Pastetengewürz	*1 Eßlöffel Dill*
Salz, Pfeffer	

Die Forelle wird enthäutet und filetiert. Von den Filets schneidet man für die Pasteten-Einlagen nur die mittleren, schönsten Stücke heraus. Alle anderen Abschnitte verwendet man für die Pastete. Man dreht das Weggeschnittene zweimal durch die feine Scheibe des Fleischwolfs und drückt es hernach noch durch ein Sieb. Das Fischfleisch wird außerdem mit Sahne, wenig Salz, einer Prise Pfeffer und speziellem Gewürz verrührt. Wählen Sie nun eine passende Form aus feuerfester Keramik (am besten: Fisch), in der Sie die Masse gut unterbringen können und in die auch die Einlage paßt. Zuvor aber wird diese Model mindestens eine Stunde im Kühlschrank aufbewahrt. In dieser Zeit können Sie die zweite »Fischhaut« vorbereiten. Man weicht drei Blatt Gelatine in kaltem Wasser ein, drückt sie aus und kocht sie in Weißwein mit einer Prise Salz auf. Nach dem Erkalten schwenkt man damit langsam die gekühlte Pastetenform aus, so daß auch etwas am Rand haften bleibt und nicht bloß am Boden. Dann streicht man den Teig bis zur Hälfte in die Model — vorher wurde feinstgehackter Dill eingestreut — und belegt ihn mit der Einlage. Das sind die linealförmig zugeschnittenen Filetstücke, die mit Tomatenstreifen verziert werden. Dann macht man die Form voll und gibt sie ein paar Stunden in den Kühlschrank. Danach kann man sie stürzen.

Gebratener Chiemsee-Zander

Nach diesem Hausrezept läßt sich jeder festfleischige Süß-
wasserfisch zubereiten. Auf grätenreiche Exemplare sollte
man allerdings verzichten.

1 Fisch (ausgenommen 2-2$^1/_2$ Pfund)	1 kleine Stange Porree
Saft von einer Zitrone	1 kleine Zwiebel
Salz, Pfeffer	1 Petersilwurzel
2 Eßlöffel gehackte Petersilie	50 g Sellerie
1 Eßlöffel Butter	$^1/_4$ l saurer Rahm
2 kleine Gelbe Rüben	$^1/_4$ l Fleischbrühe

Den ausgenommenen und gewaschenen Fisch beträufelt man
innen und außen mit Zitronensaft und reibt ihn eine Stunde
später mit Salz und Pfeffer ein. Darauf wird er innen noch mit
einer Mischung aus Butter und feinstgehackter Petersilie bestrichen. So legt man ihn in eine ausgebutterte Reine und läßt
ihn im vorgeheizten Rohr bei 200 Grad kurz anbraten (3 Minuten auf jeder Seite). Dann gibt man das feingeschnittene
Wurzelwerk dazu und gießt die Hälfte vom Sauerrahm über
den Fisch. Nach einer Viertelstunde kommt die Fleischbrühe in die Reine. Ab jetzt muß das Gericht nochmals eine
Viertelstunde garen, wobei man den Fisch mehrmals mit dem
restlichen Sauerrahm bestreicht, bis er verbraucht ist.
Den Fisch auf vorgewärmten Tellern servieren, die Soße
durchpassieren und dann überziehen. Dazu gibt's Salzkartoffeln.

Lammrücken »Sódala«

Wie der Breitmoser Sepp vom »Alpengasthof« in Siegsdorf
einen Lammrücken fürs Fernsehen gebacken hat, ist ihm 31
mal ein »Sódala« ausgekommen. Als solches möge sein
Gericht in die G'schicht eingehen. Sódala:

1 Lammrücken	1 Tasse Wasser
Salz, Pfeffer	50 g zerlassene Butter
Öl	

Soße:	Thymian
50 g Butter	Kerbel
1 Zwiebel	Salz, Pfeffer
100 g Champignons	
6 Oliven	**Kruste:**
1 Tomate	4 Scheiben Weißbrot
1 Knoblauchzehe	200 g Butter
1 Eßlöffel Petersilie	$^1/_2$ Knoblauchzehe
$^1/_2$ Tasse Bratensoße	1 Eßlöffel Grünzeug

Der Lammrücken wird gewürzt und in der Pfanne in heißem Öl auf beiden Seiten scharf angebraten. Dann kommt er für gut 10 Minuten bei 230 Grad ins vorgeheizte Rohr.

Für die Soße wird eine gehackte Zwiebel glasig gedünstet, dann kommen nacheinander hinzu: blättrig geschnittene Champignons, halbierte Oliven, kleingewürfelte, enthäutete Tomaten, eine ausgedrückte Knoblauchzehe, gehackte Petersilie, eine halbe Tasse Bratensoße (möglichst aus Kalbsknochen gezogen) und die oben angegebenen Gewürze. Man läßt die gut durchgerührte Soße langsam dahinköcheln und sieht beim Lamm nach. Man löscht mit Wasser ab und pinselt zerlassene Butter über das Fleisch. Mit einer Alu-Folie bedeckt, muß der Lammrücken noch einmal fünf Minuten zurück ins Rohr. Sódala!

Inzwischen bereitet man die Kruste. Entrindetes Weißbrot wird grob aufgerieben und mit zerlassener Butter, feingehacktem Knoblauch und Grünzeug der Saison vermengt. Sódala. Dann kommt das Lamm wieder heraus. Man löst die Filets heraus, schneidet sie jeweils schräg in etwa 5 Stücke und setzt sie wieder ins Knochengerippe ein. Dann bedeckt man sie mit der Brotmasse gleichmäßig und gibt den Lammrücken zum letzten Mal noch etwa 3 Minuten ins geheizte Rohr. Nun kann serviert werden. Dazu passen Bohnen in Speckmantel und Petersilkartoffeln. Sódala!

124

Gefüllte Kalbsleber

Beim Hutter in Teising, zwischen Altötting und Mühldorf, gibt's ein paar Mal im Jahr »Schmankerlwochen«. Neben der althergebrachten bayerischen Kost serviert die Wirtin gelegentlich auch ihre kulinarischen »Erfindungen«. Sie ist halt ständig auf der Suche nach was Neuem. Auch dieses Rezept stammt von − und nur von − ihr.

1 $^1/_2$ Pfund Kalbsleber

Füllung:	*1-2 Äpfel*
1 Paprikaschote	*4 Eßlöffel Petersilie*
100 g geräuchertes Wammerl	*Bratfett*
2 Eßlöffel Kräutersenf	
1 Essiggurke	**Würze:**
1 große Zwiebel	*Knoblauchgranulat und Salz*

Aus der ganzen Kalbsleber werden vier gleich große Stücke geschnitten, die wiederum je einen Längsschnitt erhalten, so daß insgesamt vier Taschen entstehen. Man füllt sie mit einer Mischung aus oben genannten Zutaten, die alle − mit Ausnahme vom Senf natürlich − kleinwürfelig gehackt sind. Die Lebertaschen werden mit Zahnstochern zugesteckt und in einem passenden Tiegel in Pflanzenfett angebraten, bis die beiden Seiten braun sind. Dann schaltet man die Hitze zurück und dünstet die Leber langsam gar, am besten zugedeckt. Gewürzt wird erst kurz vor dem Servieren, damit die Leber nicht hart wird. − Dazu hat's gegeben: Kartoffelpüree mit Speckwürfeln und grünen Salat.

Schweinszüngerl im Netz

4 Züngerl	*2 Lorbeerblätter*
4 mal 30 g Kalbsbrät	*einige Wacholderbeeren*
1 Schweinsnetz in 4 Teilen	*3 Gelbe Rüben*
4 Teelöffel Petersilkraut, gehackt	*$^1/_2$ Sellerieknolle und etwas*
1 $^1/_2$ l Fleischbrühe oder Wasser	*Kraut*
1 Schuß Essig	*2 Porreestangen*
je 1 Prise Salz, Pfeffer, Zucker	*2 Zwiebeln*

In die Züngerl muß man eine Längstasche schneiden und das Kalbsbrät mit dem Spritzbeutel einfüllen. Am besten läßt man es vom Metzger gleich vorwürzen (sonst brauchen Sie Salz, Pfeffer, Muskat, etwas geriebene Zitronenschale). Das gefüllte Züngerl wickelt man in ein Teil Schweinsnetz ein, das man vorher mit gehacktem Grünzeug bestreut hat. Es wird gut zugebunden, rundum verschnürt und zunächst zwanzig Minuten in Fleischbrühe oder Wasser gesotten. Dann kommen die Gewürze und das Gemüse in den Tiegel. Dieses wird in Streifen geschnitten und später zum Züngerl serviert. Es soll bloß noch zehn Minuten mitkochen, damit es einen guten »Biß« behält.

Zum in Scheiben geschnittenen Züngerl gibt's eine Krensoße und Petersilkartoffeln.

Gebeizte Grillkoteletts (6 Personen)

6 Koteletts oder Filetstücke (à 150 g)
3 gehackte Zwiebeln
$^1/_4$ l Salatöl
1 gestrichener Eßlöffel Salz
1 gestrichener Eßlöffel Zucker
1 Doppelstamperl Weinessig
1 Sträußl gehackte Petersilie
1 Messerspitze Cayenne-Pfeffer
1 Teelöffel Knoblauchsalz
2 Teelöffel Oregano
2 Tomaten (das Ausgedrückte davon)
2 Eßlöffel mittelscharfer Senf

Beim Fleisch handelt es sich hier um Schweinernes, das mindestens über Nacht, am besten aber 2 Tage und Nächte in eine scharfe Beize gelegt wurde, die aus den obigen Zutaten besteht. Die Zwiebeln sollen ganz fein gehackt sein oder durch den Fleischwolf getrieben werden, weil die Beize als Soße zu den gegrillten Fleischstücken verwendet wird. Wenn Sie ein Grillfest geben, sorgen Sie bitte dafür, daß Getränke in ausreichenden Mengen vorhanden sind, denn diese Soße erzeugt einen unheimlichen Durst. Das Fleisch ist durch die Vorbehandlung so mürb geworden, daß man es auf jeder Seite nur drei bis vier Minuten zu braten braucht. Eine Empfehlung vom Motzenwirt in Melleck bei Schneizlreuth.

Ministrantenbraten

1 ¹/₂ Pfund Rindfleisch (Schale)
Salz, Pfeffer
200 g Kalbsbrät
1 Debreziner Würstchen
1 Pfälzer Würstchen
1 Wiener Würstl
5 dünne Wammerlscheiben
3 Eßlöffel weiche Erbsen
3 Eßlöffel Kräuter der Saison
(Schnittlauch, Petersilie, Dill, Borretsch)
1 Porreestange
2 Gelbe Rüben
¹/₄ l herber Frankenwein
Wasser
¹/₈ l süßer Rahm

Ein schönes Stück Rindfleisch wird gut geklopft und in die Mitte eine Tasche geschnitten. Man reibt es gut mit Salz und Pfeffer ein. In die Tasche verteilt man gleichmäßig das Kalbsbrät, die feingeschnittenen Kräuter und die weichen Erbsen. In die Mitte kommen die in Wammerlscheiben eingewickelten Würstchen. Man näht die Tasche zu und brät sie in der Reine in etwas Fett auf beiden Seiten schön braun an. Nach zwanzig Minuten kommt das grobgeschnittene Wurzelwerk hinzu und etwas heißes Wasser. Nach weiteren zehn Minuten gießt man den Wein an den Braten und schiebt die Reine ins Rohr. Das Gericht muß jetzt eine halbe Stunde bei 220 Grad garen, wobei man gelegentlich aufgießt. Angerichtet wird mit grünem Salat und Kartoffelknödeln als Soßenschlucker.
Und nun zur Namenserklärung des Gerichtes. Es wurde von der Wirtin Centa Hutter in Teising bei Altötting erfunden. Für sie sind halt Ministranten bei allem Respekt doch bloß »kleine Würstl« im Chorrock. Daran hat sie wohl denken müssen, wie sie ihren kleinen Debrezinern, Wienern und Pfälzern (alle aus katholischen Gegenden) den Speckmantel verpaßt hat.

Reispflanzl (6 Personen)

2 Pfund Rindfleisch	Schale von $^1/_2$ Zitrone
1 Zwiebel	2 Eßlöffel Schweinefett
70 g Räucherspeck	$^1/_8$ l Rotwein
100 g Reis	$^1/_2$ und $^1/_4$ l Fleischbrühe
Salz, Pfeffer	$^1/_4$ l saurer Rahm

Mageres Rindfleisch treibt man zusammen mit einer kleinen
Zwiebel und Räucherspeck durch den Wolf. Man vermengt
es dann in einer Schüssel mit ungekochtem Reis, Salz, Pfeffer
und der abgeriebenen Schale einer Zitronenhälfte. Aus diesem
Teig formt man nun etwa handtellergroße Pflanzl und legt sie
(auf ein Brett) beiseite. Dann werden in einem Tiegel zwei
Eßlöffel Schweinefett zerlassen und die Pflanzl eingelegt.
Wenn sie auf jeder Seite kräftig angebraten sind, löscht man
mit Rotwein ab. Sobald es zu zischen aufgehört hat, wird mit
einem halben Liter Fleischbrühe aufgegossen. Zugedeckt läßt
man die Pflanzl nun eine Dreiviertelstunde dünsten.
Während dieser Zeit wendet man sie einmal und gießt die
restliche Fleischbrühe dazu. Wenn man gut eingeteilt hat,
sind 18 Reispflanzl auf sechs gewärmte Teller zu verteilen.
Die Soße im Tiegel wird noch mit saurem Rahm verrührt und
gleich über die Pflanzl gezogen.

Bruckfleisch (Wirtshausportion, ca. 8 Personen)

Vielleicht hat der Erfinder dieses Gerichtes Bruckmaier ge-
heißen, oder es war eine Spezialität vom Bruck-Wirt, jedenfalls habe ich die Herkunft des Namens leider nicht ergründen können.

1 Rinderhals (400 g)	1 l Fleischsuppe	1 Lorbeerblatt
100 g Schweinskron	1 Eßlöffel Bratfett	1 Messerspitze Nelken
100 g Schweinsherz	1 kleine Zwiebel	Salz, Pfeffer, Majoran
100 g Kalbsleber	1 Gelbe Rübe	1 Eßlöffel Mehl
100 g Kalbsniere	1 Stück Porree	$^1/_8$ l Schweinsblut
100 g Kalbsmilz	1 Stück Sellerie	
100 g Kalbsbries	$^1/_2$ Tasse Essig	

In einem großen Topf schwitzt man das kleingehackte
Wurzelwerk an, läßt es ein wenig dünsten und löscht mit

128   *Quiche Lorraine, Rezept Seite 152*

Essig ab. Als Gewürze nimmt man ein Lorbeerblatt, etwas gemahlene Nelken, Salz und Pfeffer. Vom gulaschartig geschnittenen Fleisch gibt man als erstes den Rinderhals in den Tiegel. Man rührt gut durch und läßt ihn eine halbe Stunde schmoren. Als nächstes kommen das enthäutete Kronfleisch und das Herz hinzu. Man gießt mit der Hälfte der Fleischsuppe auf und läßt das Ganze wieder eine halbe Stunde kochen. Dann werden Leber, Milz, Niere und das Bries eingerührt, kurz gedünstet und mit Mehl bestaubt. Mit dem Rest der Suppe wird alles noch einmal aufgekocht, mit Salz, Pfeffer und Majoran abgeschmeckt und vom Feuer genommen. Denn ganz zum Schluß wird Schweinsblut dazugegossen, und dabei darf das Gericht nicht mehr kochen.

Hasenrücken in Orangensoße

1 Hasenrücken	1 Zwiebel
$^1/_2$ Teelöffel Pfeffer	80 g roher Speck
$^1/_2$ Teelöffel Salz	2 Eßlöffel Bratfett
1 Gelbe Rübe	$^1/_4$ l Wildsuppe (s. Rezept)
1 Stück Lauch	2 Orangen

Ein nicht gebeizter Hasenrücken, frisch weg von der Jagd (oder eingefroren), wird in Abständen von 1 cm mit dünnen Speckstreifen quer gespickt. (Tip: die dünngeschnittenen Streifen vorher in den Kühlschrank legen. Sie halten dann besser in der Spicknadel.) Der Hase kommt dann in die Reine zu zerlassenem Fett und grobgeschnittenem Wurzelwerk. Er wird im vorgeheizten Rohr bei 220 Grad 20 Minuten gebraten, wobei man einmal mit einem knappen Achtelliter Wasser aufgießt. Danach stellt man das Fleisch warm und macht im Bratgefäß die Soße fertig. Man gießt den Fond mit einem halben Liter Wildsuppe auf. Diese hat man sich aus Hasenknochen, Hautlappen und sonstigen Abschnitten mit ein paar Wacholderbeeren und einem Lorbeerblatt zusammengekocht. Man läßt die Soße aufkochen, gibt den Saft von zwei Orangen dazu, kocht noch einmal auf und passiert sie durch. Sie wird über den Hasenrücken gegossen, und Sie werden staunen, wie der sie einzieht. Als wäre er nahe am Verdursten.

Djuveč-Reis zu Ćevapčiči, Rezept Seite 156   129

Die Filets schneidet man vor dem Servieren aus dem Rücken heraus und legt sie dann wieder dazu. Das erspart dem Esser schon wieder ein kleines Stück Arbeit. Und wer arbeitet schon gern beim Essen?

Hirschragout

600 g Fleisch
1 Teelöffel Thymian
Salz, Pfeffer
2 Eßlöffel Mehl
¹/₈ l Rotwein
¹/₂ l Fleischbrühe
1 Eßlöffel Johannisbeergelee
1 Stamperl Armagnac
4 Zwiebeln
60 g Butter
100 g Wammerl

Das Ragoutfleisch vom Hirschen in mundgerechte Würfel schneiden, gut mit Salz, Pfeffer und Thymian würzen und in den heißen Tiegel geben. Dort wird es sogleich mit Mehl bestäubt und bei großer Hitze mit dem Kochlöffel verrührt. Damit ist aber die Trockenzeit zu Ende. Es wird mit Rotwein abgelöscht und mit einer guten Rindssuppe aufgegossen. Man verrührt alles gut und gibt dann in Butter und kleingeschnittenem geräucherten Wammerl angebräunte Zwiebelwürfel hinzu. Wieder verrühren, den Deckel zumachen und alles mehr am Herdrand zwei Stunden köcheln lassen. Danach das Gelee und den Armagnac einrühren. Beim Wirt auf dem Petersbergl bei Fischbach am Inn hat's dazu grünen Salat und selberg'machte Spätzle geben. Net daß's heißt, a boarischer Jaager versteht nix von der schwäbischen Kuche.

Net schlecht schmeckt aa no . . .

aus der »Bayerische Schmankerlküche«: Gamsbraten S. 43. Und aus de »Bayerische Schmankerl fürs ganze Jahr«: Hauberlinge S. 66 – Fischrezepte S. 24-26 – Holzknechtschmarrn S. 20 – Hirschrezepte S. 106/107.

In und um d' Hauptstadt

Kräutlsuppe

Das ist der erste Vitaminstoß im Jahr. In den Gärten und Wiesen wird's schon grün, und die Gesundheitsapostel mischen sich bereits ihren »Frühlingssalat« aus jungen Brennnesseln, Löwenzahnblättern und Sauerampfer. Wer sich seine Kräutl selbst zupfen kann, ist natürlich gut dran. Aber auch der Städter ist nicht im Nachteil. Denn die Wochenmärkte bieten stets die frischeste Ware an. Wenn die Frau Oberinspektor am Vormittag bei ihrem Standlweiberl einkauft, denkt sie wohl kaum daran, daß die Gärtnersfrau schon Stunden vorher mit dem Lieferwagen da war. Und sie hätte nicht liefern können, wenn sie sich nicht schon in aller Herrgottsfrüh fleißig am Mistbeetl gebückt hätt'. Erst neulich hab' ich sie g'sehn: Ganz krumm gehts daher!

Ein Münchner Wirt, der was auf frische Ware hält, ist natürlich Stammgast auf dem Viktualienmarkt. Manfred Vollmer vom »Bürgerhaus« hat anfangs April für eine Kräutlsuppe eingekauft und sie so zubereitet:

50 g Grünzeug (Borretsch, Dill, Brunnenkresse, Kerbel, Sauerampfer, Estragon, Schnittlauch, Petersilie)

$^1/_2$ Zwiebel	*2 Eidotter*
50 g Butter	*$^1/_8$ l Sauerrahm*
200 g Weißbrot	*Salz, Muskat*
1 l Fleischbrühe	

Natürlich brauchen Sie sich nicht unbedingt an dieses Kräutlgemisch zu halten. Das ist bloß eine Empfehlung. Das Grünzeug fein wiegen und zur glasig in Butter angedünsteten Zwiebel in den Topf rühren, grobe Brocken angeröstetes Weißbrot dazugeben und mit einem Liter heißer Rindsbrühe aufgießen. 10 Minuten kochen lassen und dabei immer wieder umrühren. Das Brot zerkocht und macht die Suppe sämig. Ein gutes Bindemittel! Gewürzt wird mit Salz und Muskatnuß. Vor dem Servieren zieht man zwei in Sauerrahm verkläpperte Eidotter unter die Suppe und läßt diese am Herdrand noch einige Minuten ziehen.

Pizza Regina-Cantina

Der Name sagt sofort dem Lateiner, daß dieser Brotfladen-Aufstrich in einer nicht gewöhnlichen Kantine serviert wird. Die neuen Herren des einst berühmten »Regina-Palast-Hotel« in München, Lebensversicherer, lassen ihn sich schmecken. Jede Woche einmal muß der Koch diese Pizza zubereiten, und unter seinen Kunden sind sogar Generaldirektoren, die zweimal zugreifen. Da muß schon was dran und drin sein, an und in diesem Gebäck. Übrigens: Auch Nichtangehörige der »LV 1871« dürfen sich an den Tisch setzen.

Für den Boden:
400 g Mehl
20 g Hefe
$^1/_2$ Teelöffel Zucker
knapp $^1/_4$ l Wasser
1 Prise Salz
3 Eßlöffel Öl

Für den Aufstrich:
3 Eßlöffel Öl
$^1/_2$ Zwiebel
1 Knoblauchzehe
Salz, Pfeffer
$^1/_2$ Teelöffel Oregano

2 Eßlöffel Tomatenmark
$^1/_2$ Tasse Fleischbrühe

Zum Belegen:
1 Pfund Tomaten
$^1/_2$ Pfund magerer Schinken
1 Dutzend schwarze Oliven
1 Dutzend grüne Oliven
125 g Champignons
6 Peperoni
6 Kapern
125 g Emmentaler
3 Eßlöffel Öl

Der Boden besteht aus einem festen Hefeteig, der aus den angegebenen Zutaten zusammengerührt und geknetet wurde. Er ist zweimal »gegangen« und wird auf ein Backblech verteilt, die Ränder etwas hochgedrückt.

Den »Aufstrich« läßt man in einer kleinen Pfanne oder Tiegel einmal kurz aufkochen. Die Zwiebel und die Knoblauchzehe wurden vorher sehr fein gewiegt oder durch den Wolf gedreht oder im Mixer vermust. Noch heiß verstreicht man die Hälfte der Masse über den Pizzateig auf dem Blech.

Belegt wird die Pizza gleichmäßig mit geschälten und gewürfelten Tomaten, nudelig geschnittenem Kochschinken und Emmentaler in kleinen Würfeln. Dazwischen eingestreut sind schwarze und grüne Oliven, Peperoni und Kapern. Zum Schluß wird noch alles mit Öl beträufelt und der Rest des Aufstrichs darübergegeben. Die Pizza wird 20 Minuten im vorgeheizten Rohr bei 200 Grad gebacken.

Kaiser-Äpfel

Bei einem Preiskochen des Nachwuchses der »Chaine des Rôtisseurs«, einer internationalen Köche-Verbindung, holte sich im Kaufhaus Hertie in München 1978 der Niederbayer Leopold Schmidt den 1. Preis. Besonders gefallen hat den Prüfern seine Nachspeise: gefüllte Äpfel, denen er den Namen seines Arbeitsplatzes gab: Hotel Deutscher Kaiser in München. Schmidts Lehrherr war der Küchendirektor dieses Hauses, der schon sagenhafte Joseph Gstöttl, dem hier ein Denkmal gesetzt sei. Seine »Crème bavaroise« war berühmt (s. »Bayerische Schmankerlküche« S. 105). Wer es in Bayern in der Branche weiterbringen wollte als bis zum Kochlehrling (heute heißt's AZUBI), mußte vor Joseph (er legte großen Wert darauf, daß man seinen Vornamen mit ph schrieb) Gstöttl bestehen. Denn er war lange Jahre Prüfungsvorsitzender.

4 Äpfel	1 Stück Zimtstange
$^1/_8$ l Weißwein	$^1/_{16}$ l Milch
$^1/_8$ l Wasser	$^1/_{16}$ l süßer Rahm
1 gehäufter Eßlöffel Zucker	1 Stück Vanilleschote
1 Zitrone	30 bis 40 g Zucker
1 Stück Vanilleschote	1 Ei

Die großen Äpfel werden geschält und dann mit Zitronensaft eingerieben. Das ausgestochene Kernhaus bohrt man noch etwas weiter aus, damit man die Äpfel gut füllen kann. Dann erhitzt man Wasser, Weißwein (Riesling) und den Saft einer halben Zitrone mit etwas beigegebener Vanille und einem kleinen Stückchen von der Zimtstange. Dieses Gemisch gibt man in eine feuerfeste Form, in die später genau die Äpfel passen. Für die Äpfelfüllung werden Milch und Rahm mit Zucker und Vanille gut durchgekocht. Dann rührt man ein verquirltes Ei ein, passiert durch und füllt damit die Äpfel. Sie werden in der feuerfesten Form mit dem aromatisierten Wasser-Weingemisch bei 170 Grad so lange im Rohr belassen, bis die Flüssigkeit zu kochen anfangen würde (was sie nicht mehr darf). Unser Koch hat den erkalteten Äpfeln beim Servieren kleine Kaiserkronen aus Schokolade aufgesetzt.

Eierlikör

15 Eidotter	*3 Tassen süßer Rahm*
300 g Zucker	*$^1/_4$ l 90-%iger Alkohol*

Eigelb und Zucker werden schaumig gerührt, dann vermischt man den Rahm darunter und zum Schluß nach und nach den Schnaps. Er sollte ziemlich geruchsneutral sein, zum Beispiel Wodka (Kartoffelschnaps). Reinen Alkohol können Sie in der Apotheke kaufen.

Punschtorte

Zum Teig:
10 Eier
220 g Zucker
1 Teelöffel Vanillinzucker
225 g Mehl
100 g Weizenstärkemehl
1 Prise Salz
100 g Butter
1 Stamperl Rum

Zur Tränke:
1 Doppelstamperl Rum
Saft von 1 Orange
$^1/_8$ l Weißwein

Füllung:
$^1/_2$ Pfund Aprikosenmarmelade und 1 Stamperl Rum

Glasur:
200 g Puderzucker
1 Eiweiß
2 Eßlöffel Himbeersaft
1 Doppelstamperl Rum

Eier und Zucker werden sehr gut schaumig geschlagen, dann wird das Mehl mit dem Salz untergezogen; zum Schluß rührt man die flüssige Butter und ein Stamperl Rum dazu. Der Punschboden-Teig wird in der Springform bei 170 Grad 20 Minuten im Rohr gebacken. Am nächsten Tag wird er zweimal quer durchgeschnitten. Die Schnittflächen werden mit der Tränke bestrichen, die aus Rum, Weißwein und Orangensaft besteht. Gefüllt wird die Torte mit Aprikosenmarmelade, vermischt mit etwas Rum. Man bestreicht sie mit einer Glasur aus Puderzucker, Eiweiß, Rum und Himbeersaft, der als Farbmittel dient. Diese rumvolle Torte hat ihren Namen vom Glas Punsch, das man dazu trinkt.

Täubchen à la Sylvia

1 junges Täubchen
Salz, Pfeffer

Füllung:
2 Weißbrotscheiben in kleinen Würfeln
1 Teelöffel gehackte Petersilie
Täubchenleber
$^1/_2$ Zwiebel, feingehackt
50 g Butter
1 Ei
2 Eßlöffel süßer Rahm

Das Täubchen wird vollständig ausgelöst, auf den Arbeitstisch gebreitet und die Fleischseite leicht gewürzt. Für die Füllung vermengt man in einer Schüssel die Weißbrotwürfel, die in Butter und Zwiebeln angedünstete und feingewiegte Leber, ein Ei, geschnittene Petersilie, etwas Rahm, Salz und Pfeffer. Die gefüllte Taube wird in Pergamentpapier eingewickelt und im Rohr auf dem Backblech bei 180 Grad 20 Minuten gebräunt. Die Färbung geht durchs Papier, wie Sie beim Auswickeln sofort merken.

Die Soße wird wie üblich aus den Knochen (hier: zarten Beindln) gezogen. Das Täubchen wurde Königin Sylvia von Schweden bei »Käfer« in München serviert, gebraten vom Chefkoch Karl Selmair. Als Beilagen gab's: Grilltomate, Blattspinat, Steinpilze und Kartoffelpflanzerl.

Gebackene Kälberfüaß

Die Kälberfüaß in zwei Längsteile schneiden und den Knochen auslösen, das macht Ihnen der Metzger schon! Dann geht's in der Küche weiter.

8 Kälberfußhälften	*Zitronensaft*	*Eier*
Salzwasser	*Worcestersauce*	*Semmelbrösel*
Salz, Pfeffer	*Mehl*	*Backfett*

Die Füaßl muß man mindestens zwei Stunden in Salzwasser kochen und dann sogleich in kaltem Wasser abschrecken.

Dann werden sie auf beiden Seiten gesalzen und gepfeffert, mit Zitronensaft und Worcestersauce leicht beträufelt und alles gut darauf verrieben. Man läßt die Gewürze eine Viertelstunde einziehen. Dann geht's an die Panierung. Man wendet die halbierten Füaßl in Mehl, zieht sie durch verkläpperte Eier und wälzt sie schließlich in Semmelbröseln. Dann werden sie in heißem Fett schwimmend bei 160 Grad 5 bis 6 Minuten gebacken. Nach dem Abtropfen gibt man sie auf den Teller, gießt um sie Schweinsbratensoße und gibt als Beilagen grünen und Kartoffel-Salat und Ranner (Rote Rüben). »So mag's der Münchner«, hat der Koch vom »Hofbräukeller« g'sagt. Er muß's ja wissen, denn er hat schon zigtausendmal »fuaßln« müssen.

Kalbsgulasch

150 g Schweinefett	1 Teelöffel Salz
400 g Zwiebeln	600 g Tomaten
80 g süßer Paprika	$^1/_2$ Teelöffel Kümmel
$^1/_4$ l Weißwein	Schale von $^1/_4$ Zitrone
2 Pfund Kalbfleisch	3 Knoblauchzehen

Das Kalbfleisch aus der Schulter wird in große Würfel geschnitten und gesalzen. Bis das Gewürz durchzieht, macht man den Ansatz: Man zerläßt Schweinefett in einem heißen Topf, gibt die feingehackten Zwiebeln hinterher und röstet sie goldgelb an. Dann kommt der Paprika hinzu, den man rasch verrührt, damit er nicht anbrennt. Abgelöscht wird jetzt sogleich mit herbem Frankenwein, danach wird das Fleisch hinzugegeben. Wenn alles gut schmort, werden die kleingewürfelten, abgezogenen Tomaten eingerührt und das Gewürzsäckchen beigelegt. In dem kleinen zugebundenen Tüchlein sind enthalten: die Schale $^1/_4$ Zitrone (vorsichtig abziehen; es darf nichts Weißes daran sein), Kümmel und drei feingewiegte oder durchgedrückte Knoblauchzehen. Das Gulasch wird zugedeckt noch gut eine Stunde unter gelegentlichem Umrühren weichgegart. – Ein von der »Chaîne des Rôtisseurs« preisgekröntes Gericht.

Gefüllte Kalbsnuß

1 Kalbsnuß (ca. 2 Pfund)	$^1/_2$ Tasse Sahne
$^1/_2$ Pfund Kalbsbrät	Salz, Pfeffer
125 g Reherl	4 Scheiben grüner Speck (à 80 g)
$^1/_2$ Zwiebel	1 Schweinsnetz
50 g Butter	Röstgemüse
1 Teelöffel Petersilie	1 Eßlöffel Schweineschmalz

Die aus dem Schlegel geschnittene Nuß wird auf ein Schweinsnetz gesetzt, das mit einer Mischung aus Kalbsbrät, in Zwiebel und Butter abgeschmälzten Schwammerln, Sahne, gehackter Petersilie und den Gewürzen gleichmäßig bestrichen wurde. Die Nuß selbst ist in zwei Hälften geteilt, aufeinandergelegt und mit der Brätmischung mittendurch und oben gut bedeckt worden. Das Ganze wird mit Speckscheiben überzogen und mit dem Schweinsnetz eingewickelt. So kommt die gefüllte Kalbsnuß ins Rohr und muß bei 230 Grad $1^1/_2$ Stunden braten.

In der Reine wurde inzwischen ein Eßlöffel Schweineschmalz zerlassen; das grobgeschnittene Röstgemüse gibt man erst nach einer guten halben Stunde Bratzeit hinzu. Die Nuß wird einmal gewendet. Gelegentlich gießt man mit heißem Wasser auf (insgesamt $^1/_4$ bis $^1/_2$ Liter). Für die Soße passiert man das Röstgemüse durch, verdickt mit einem Mehlteigerl und mischt noch etwas Rahm darunter.

Gegrilltes Wammerl

1 Pfund Wammerl
300 g Schweinsfilet
Gewürzmischung aus Salz, Pfeffer, ganzem Kümmel, edelsüßem Paprika, zerriebenen Wacholderbeeren, Curry, Knoblauchsalz
dunkles Bier

Ein schönes Stück Wammerl, möglichst in der Länge des zu verwendenden Filets, wird auf der Schwartenseite mit einem scharfen spitzen Messer in kleine Karos eingeritzt. Dann breitet man es aus und bestreicht die Innenseite leicht mit der Gewürzmischung. Darauf wickelt man das Filet in das

Wammerl und verschnürt es an mehreren Stellen fest mit
Spagat (Bindfaden). Jetzt wird die Rolle gut gewürzt und
kommt auf den Spieß. Das gefüllte Wammerl wird unter
häufigem (oder wenn automatisch, dann ständigem) Drehen
gut zwei Stunden bei voller Glut gegrillt. Dabei bepinselt man
es gelegentlich, vor allem dem Schluß zu, mit dunklem Bier.
Das ergibt eine schöne, braune, rösche Schwarte.

Goaßbratl

3 Pfund vom Brustspitz (Schwein)
2 Pfund Kotelettknochen (Boandlfleisch)
2 Eßlöffel Schweinefett
1 Zwiebel
3 Pfund Kartoffeln
Salz, Pfeffer, Kümmel
1 l Wasser

An einer Geiß is ja wirklich nicht viel dran. Fast meint man,
sie müßt scheppern, so stehen ihr die Rippen heraus. Der
Vergleich drängt sich einem direkt auf, wenn man in die Reine
zu einem Goaßbartl hineinschaut. Mit Ziegenfleisch hat das
Gericht aber nichts zu tun, denn es soll ein Schweinsbraten
daraus werden, aus diesem Beinergestell, an dem der Metzger
beim Auslösen so viel belassen hat, daß er sich die Schneid'
vom Messer nicht verdirbt. Aber am Brustspitz, da sieht man
noch ein bißl was von einer Schwarten rausspitzen und ist das
daneben nicht gar noch ein Stückl Fleisch? Und wenn man
sich davon nicht zu viel erhofft, sondern mehr eine
gschmackige Fieselei und eine gute Soß', dann ist man auf
dem richtigen Weg mit diesem Rezept. Also: das »Fleisch«
wird in der Reine in Schweinefett gut angebraten. Sobald es
Farbe hat, gießt man immer wieder Wasser zu, wie beim
Schweinsbraten auch. Nach einer Dreiviertelstunde kommt
noch eine gewürfelte Zwiebel hinzu, ein wenig später gießt
man alles von einem Liter noch übrige Wasser in die Reine
und verteilt rund um das »Boandlfleisch« die in Scheiben
geschnittenen, geschälten, rohen Kartoffeln. Gewürzt wird
kräftig mit Salz, Pfeffer und Kümmel. Der Erdäpfelbraten

muß noch gut eine halbe Stunde im Rohr bleiben, dann geht's am Tisch weiter. Mit'm B'steck oder händtisch. Die Kartoffeln schmecken ganz gut, wenn man sie mit der Gabel in der Soße zerdrückt. Das ist zwar nicht vornehm, aber gut.

Pistazienrolle

2 Pfund Wammerl	*50 g Pistazien*
150 g Kalbsbrät	*1 Zwiebel, kleingehackt*
150 g Hackfleisch	*Salz, Pfeffer*
3 Eßlöffel Petersilie	*Knoblauchgranulat*

Alle Zutaten werden in einer Schüssel gut vermengt. Beim Würzen sollte man Hackfleisch und Brät prüfen, ob nicht schon beim Metzger vorge»schmeckt« wurde. Man läßt den Teig ein wenig anziehen. Das Fleischstück schneidet man in der Dicke durch, so daß es seinen Umfang verdoppelt und aussieht wie ein aufgeschlagener Buchdeckel (also nicht ganz durchtrennen, damit die beiden Teile zusammenhalten). Man legt das Wammerl mit der Schwarte nach unten auf den Arbeitstisch und bestreicht das Fleisch gleichmäßig mit der Füllung. Dann rollt man es zusammen und verschnürt es mit Spagat. Die Rolle wird mit den Gewürzen eingerieben und kommt in die Bratreine, in der etwas Schweineschmalz zerlassen ist. Wenn man sie kriegt, sollte man ein paar ausgelöste »Rippenboanderl« mitbraten. Man gießt sofort etwas Wasser zu und gibt die Reine ins vorgeheizte Rohr (220 Grad). Man gart die Rolle eineinhalb Stunden, gießt immer wieder mit Wasser auf, wendet sie bei »Halbzeit« und gibt dabei eine geachtelte Zwiebel an den Braten.

Schweinsmedaillons in Bier-Kümmelsoße

Für's Fleisch:
4 Medaillons aus dem Filet
Salz, Pfeffer
Mehl
$^1/_2$ Teelöffel Öl
1 Teelöffel Butter

Soße:
1 nußgroßes Stück Butter
$^1/_2$ Teelöffel Kümmel
1 Knoblauchzehe
4 cl dunkles Bier
1 Tasse braune Soße
etwas Pfeffer aus der Mühle
1 Eßlöffel Butter
1 kleine Prise Salz

Die 4 bis 5 cm dicken Stücke aus dem Filet mit der Faust etwas drücken, beiderseits leicht würzen und in Mehl wenden. In der Pfanne bodenbedeckt Öl erhitzen, Butter dazugeben und zerlaufen lassen, das Mehl von den Medaillons abklopfen und diese auf jeder Seite 3 bis 4 Minuten braten, ohne daß die Butter verbrennt. Das Ölgemisch weggießen und die Medaillons warm stellen.

In derselben, noch heißen Pfanne ein Stück Butter zerlaufen lassen, feingeschnittenen Knoblauch und Kümmel dazugeben, mit dunklem Bier ablöschen und einkochen lassen. Danach gibt man eine Tasse braune Brühe hinzu, die man aus intensivem Einkochen von Knochen gewonnen hat. Eckard Witzigmann, Chef der »Aubergine«-Küche in München, rät als Ersatz dafür zu übriggebliebener Schweinsbratensoße. Abschmecken mit Pfeffer aus der Mühle und Salz. Ein Stück Butter einrühren, die Soße über die Medaillons passieren.

Pikantes Schweinszüngerl

1 Zunge (ca. 350 g)
$1^1/_4$ l Wasser
5 Wacholderbeeren
2 Nelken
1 Lorbeerblatt
1 Prise Salz
1 Prise Zucker

1 Teelöffel Essig
je 40 g Porree, Zwiebeln,
Sellerie, Gelbe Rübe,
Schnittlauch
Liebstöckl (Maggikraut)

Das Züngerl wird eine Dreiviertelstunde in den oben genannten Sudzutaten gekocht. Dann kommt das Gemüse hinzu:

Porree und Sellerie in Würfeln, Zwiebeln in Ringen, Gelbe Rüben in dünnen Scheiben. Einen Zweig vom Liebstöckl gibt man kurz vor Ende der Garzeit (insgesamt 1 Stunde) in die Brühe. Dann wird das Züngerl »abgezogen«, das heißt: die Haut muß weg. Eine Prozedur, die manche Hausfrauen fürchten, weil sie den »Trick 17« nicht kennen. Man braucht eiskaltes Wasser und ein scharfes Messer. Das Züngerl im Wasser abschrecken, zwei Minuten darin belassen und dann die Haut abschälen. Das Züngerl kommt zum Aufwärmen noch einmal kurz in die Brühe, dann wird es der Länge nach in vier Scheiben geschnitten und mit dem Gemüse in etwas Sud serviert. Gehackten Schnittlauch darüber streuen.

Das Züngerl bekommt man in der »Brauereischänke« Inselkammer zu Aying bei München auch kalt zur Brotzeit oder paniert. Die Wirtin, Frau Ingrid Beisensteiner, ist eine Spezialistin für altbayerische Kost.

Ochsenschwanzgemüse

2 Pfund Ochsenschwanz	250 g Gelbe Rüben
50 g Schweinefett	$^1/_2$ Knolle Sellerie
1 Lorbeerblatt	2 große Kartoffeln
2 Peperonischoten	200 g kleine Zwiebeln
$1^1/_2$ l Wasser	2 Stangen Porree
400 g Tomaten	$^1/_8$ l Rotwein
200 g Rosenkohl	schwarzer Pfeffer, Salz

Im Topf wird der in Stücke von 4 Zentimeter Länge geschnittene Ochsenschwanz in Schweinefett braun angebraten. Man gibt das Lorbeerblatt und die Peperonischoten dazu und gießt langsam mit kochend heißem Wasser auf. Auch die geschälten und mit einer Gabel zerdrückten Tomaten kommen noch in den Tiegel, dann wird zugedeckt. Der Ochsenschwanz soll von jetzt an eine Stunde leise dahinköcheln. Danach wird das geputzte und grobgeschnittene Gemüse dazugetan, der Rosenkohl allerdings ganz. Die halbierten Zwiebeln und der Lauch müssen noch eine halbe Stunde warten, bis sie sich beigesellen dürfen. Dann wird mit Rotwein, Salz und Pfeffer abgeschmeckt und das Gericht eine Viertelstunde später serviert. Dabei sollte man den Ochsenschwanz auslösen. Das Fleisch läßt sich leicht vom Knochen trennen.

Gebratene Rinderzunge in Sauerrahm

1 Zunge (ca. 750 g)	$^1/_8$ l Frankenwein
50 g roher Speck	$^1/_2$ Zitrone
20 g Butter	$^1/_2$ Knoblauchzehe
2 Stamperl Weinbrand	10 Pfefferkörner
2 Gelbe Rüben	2 Nelken
2 Petersilwurzeln	5 Wacholderbeeren
2 Zwiebeln	1 Lorbeerblatt
70 g Wammerl	$^1/_2$ l saurer Rahm

Die Rinderzunge wird zuerst zwei Stunden in leichtem Salzwasser gekocht, enthäutet und mit fünf Speckstreifen gespickt, bevor sie in der Pfanne in Butter auf beiden Seiten heiß angebraten wird. Dann flambiert man sie mit einem Doppelstamperl Weinbrand und nimmt sie heraus. In die Pfanne kommen nun kleinwürfelig geschnittenes hellgeräuchertes Wammerl, Petersilwurzeln und Gelbe Rüben in Scheiben, und eine grobgehackte Zwiebel. Das alles läßt man gut angehen und Farbe nehmen. Dann wird mit Weißwein abgelöscht. Die Zunge kommt jetzt wieder hinzu, ebenso eine halbe Zitrone in kleinen Stücken und die oben angeführten Gewürze. Das Ganze wird im Rohr bei 200 Grad 20 Minuten gebraten, wobei man immer wieder mit saurem Rahm aufgießt, bis er verbraucht ist. Die Zunge wird nach dem Garen quer in Scheiben geschnitten, die Soße durchpassiert und dazugegeben. Der Wirt vom »Bräustüberl« in Markt Schwaben, Klaus Spiegel, empfiehlt als Beilage: Reibeknödel. Ein Tip: Die Zunge läßt sich gut enthäuten, wenn man sie aus dem heißen Sud nimmt und sofort in eiskaltem Wasser »abschreckt«.

Geräucherte Rinderzunge

1 Rinderzunge (ca. $1^1/_2$ Pfund)   2 Prisen Salz
2 Zwiebeln   1 Prise Pfeffer
100 g Butter   1 Eßlöffel geriebener Kren
3 Eßlöffel Stärkemehl   2 Eßlöffel Kondensmilch
$^1/_2$ Tasse Wasser $^1/_8$ l Rotwein
4 Schöpflöffel Kochwasser

Die gekochte Räucherzunge wird enthäutet und warm
gestellt. Sie läßt sich am besten schälen, wenn sie noch sehr
heiß ist. Im Tiegel röstet man Zwiebelwürferl in Butter goldbraun, rührt Stärkemehl dazu und löscht mit Wasser ab.
Dann gießt man noch Kochwasser (Zungenabsud) hinzu,
würzt und läßt alles gut fünf Minuten unter gelegentlichem
Rühren kochen. Zum Schluß gibt man noch geriebenen Kren
und Kondensmilch hinzu und guten Rotwein. Diese Soße
kommt über die in Scheiben angerichtete Zunge. Dazu gibt's
Salat der Saison und Kartoffelpüree.

Auf des sollt' ma net vergessen . . .

. . . daß' noch viel mehrer Schmankerl gibt, und die meisten
sand scho niedergschrieben. Zum Beispiel in »Bayerische
Schmankerlküche«: Leberknödel S. 75 – Blut- und Leber-
würst S. 53 – Sulzen S. 35 ff. – Preßsack S. 55 – Milzwurst
S. 56 – Kronfleisch S. 24 – Siedfleisch S. 25 – Rindfleisch-
salat S. 31 – Kalbshaxe S. 23 – Bœuf à la mode S. 21.

Übern Zaun umigschaut

Beuscherl (Wirtshausportion für 10 bis 12 Personen)

1 Kalbslunge
2 Kalbsherzen

Für den Sud:
2 l Wasser
$^1/_8$ l Essig
2 halbierte Zwiebeln
$^1/_2$ Sellerieknolle
2-3 Gelbe Rüben
$^1/_2$ Teelöffel Thymian
2 Lorbeerblätter
1 Teelöffel Pfefferkörner
etwas Bohnenkraut
Essigwasser zum Säuern

Durch den Wolf:
2-3 Zwiebeln
2-3 Essiggurken
Schale von $^1/_2$ Zitrone
$^1/_2$ Petersilwurzel
2-3 Knoblauchzehen
1 Teelöffel Kapern
3 Sardellenfilets

Abschmecken:
3 Eßlöffel Sauerrahm
1 Eßlöffel mittelscharfer Senf
Essig nach Bedarf
Salz, Pfeffer

Einbrenne:
$^1/_4$ Pfund Schweinefett
5-6 Eßlöffel Mehl

Die Innereien werden in Wasser und Essig, zusammen mit Wurzelwerk und Gewürzen eine Stunde gekocht. Nach dem Erkalten entfernt man das Röhrengeflecht und schneidet Lunge und Herzen in Streifen; so wie man sie essen möchte. Man gibt sie zum Säuern in ein Essigwasser, dem man ein paar Zitronensaftspritzer beifügen kann.

Im Kochtopf bereitet man die nicht zu dunkle Einbrenne, in die man das Durchgetriebene aus dem Fleischwolf einrührt und mitschwitzt. Dann wird die Sudflüssigkeit dazugegossen und alles eine halbe Stunde leicht gekocht. Danach kommt das geschnittene und gesäuerte Beuscherl (die Flüssigkeit zurückhalten!) in den Tiegel. Man verrührt alles gut und schmeckt ab. Dazu passen Salzkartoffeln oder Semmelknödeln.

Speckleber im Reindl

Manchmal hat sie Reindl gsagt und dann wieder Pfanndl, die Wachauer Wirtin, die dieses Gericht in einer Mordstrumm Pfanne gebraten hat. In einem . . . »dl« hätten die vielen Zutaten wahrlich nicht Platz gehabt, nämlich diese:

1 Eßlöffel Öl
8 Scheiben Schweinsleber zu je 80 g
etwas Möööi (= Mehl)
2 Zwiebeln
12 Scheiben Selchspeck (geräuchertes Wammerl) zu je 120 g
$^1/_4$ l Fleischsuppe
Salz, Pfeffer
60 g Knoblauchbutter
8 Erdäpfel (Kartoffeln)
2 Paradeiser (Tomaten)
Grünzeug

Frau Anna Pritz, Chefin des »Schwarzen Bären« in Emmers-
dorf, hat so flink gearbeitet, daß man fast mit dem Schauen
nicht mitgekommen ist. Zuerst hat sie die Leberscheiben
leicht durchs Mehl gezogen und dann auf beiden Seiten in
heißem Öl angebraten. Dann sind gleich die grobgehackten
Zwiebeln dazugekommen und, sobald sie glasig geworden
sind, das in Scheiben geschnittene Wammerl. Wie alles schön
gebrutzelt und vor Hitze grad gesprüht hat, war's Zeit für
den Feuerwehr-Einsatz. Gelöscht wurde mit einer guten
Rindssuppe. Dann hat sie alles einmal gut aufkochen und
vielleicht noch fünf Minuten unter häufigem Umrühren
köcheln lassen. Gewürzt wurde mit Salz, Pfeffer und einge-
rührter Knoblauchbutter. Zum Schluß sind noch acht frisch-
geschälte heiße kleine Kartoffeln in das Gericht gekommen
und Tomaten-Achterl. Mit gehacktem Grünzeug bestreut,
wurde in der Pfanne serviert. Vier Leut haben daraus leicht so
viel auf ihre Teller bekommen, daß sie satt geworden sind.

Brandenberger Prügelkuchen

Warum gerade »Brandenberger«? Dieser kleine Weiler liegt
in der Nähe von Kramsach in Tirol. Dort bereitet die Bäuerin
Katharina Marksteiner diesen Kuchen zu. Sie ist vielleicht
noch die einzige. Früher wurde der Baumkuchen, wie man
ihn auch nennen könnte, gern in Bürgerhäusern gebacken.
Weil das Gebäck an einer offenen Feuerstelle zubereitet
werden muß, macht es niemand mehr. Die Kathi hingegen

dreht heute noch täglich drei Mal ihren Kuchen ab. Dazu braucht sie ein schmiedeeisernes Gestell als Halterung für einen Hartholzprügel, der mit Pergamentpapier umwickelt und mit einem Faden festgebunden ist. Die Holzwalze ist 60 cm lang und verläuft konisch. Auf einer Seite mißt sie 10 cm im Durchmesser, am anderen Ende (oben) bloß 9. Sie hat einen Griff zum Drehen. Auf die Walze wird der Teig aufgetragen. Es ist ein »Eischwerteig«, bei dem die Hauptzutaten das Gewicht der Eier aufweisen müssen. Man braucht:

5 Eier (ca. 250 g)   *1/2 Pfund Mehl*
1/2 Pfund Butter   *Schale einer Zitrone*
1/2 Pfund Zucker

Butter, Zucker und Eier müssen eine halbe Stunde gut gerührt werden, dann erst werden Mehl und geriebene Zitronenschale eingemischt. Der Teig kommt in die Nähe des offenen Buchenholzfeuers, das gleichmäßig neben der »Prügelkuchenmaschine« brennt. Schöpflöffelweise trägt man den Teig auf die Walze auf, von vorn nach hinten und wieder umgekehrt. Dabei muß gleichmäßig (am besten von einer zweiten Person) gedreht werden. Zwei Stunden darf man sich so »spielen«, bis der Kuchen gebräunt ist. Das Gebäck läßt sich mühelos von der Walze lösen. Man stellt ihn auf. Er schaut aus wie eine große Tropfkerze. Es soll noch erwähnt werden, daß sich die ganze Prozedur in der schwarzen Kuchl der Frau Marksteiner abspielt.

Es ist durchaus vorstellbar, daß man sich eine Prügelkuchenmaschine selber bastelt. Zwei Astgabeln als »Aufhänger«, ein sauber geschältes Stück Rundholz, auf der einen Seite mit einem dicken Nagel und auf der anderen mit einem Griff (alte Kaffeemühle, Rührkübel) versehen, damit müßt's doch möglich sein?! An einem windstillen Platzerl im Garten!

Eisacktaler Weinsuppe

$^1/_8$ l süßer Rahm $1^1/_2$ l Fleischsuppe
3 Eier $^1/_8$ l Weißwein
3 Teelöffel Parmesankäse   1 Eßlöffel Butter
2 mal $^1/_4$ Teelöffel Zimt 2 Scheiben Weißbrot

Eine Mahlzeit mit dieser Suppe fängt gut an. Denn da ist
schon der Wein drin. Und zwar einer, der dort wächst, »wo
der Eisack rauscht heraus«. Zunächst verschlägt man in einer
Schüssel mit dem Schneebesen Rahm, Eier, geriebenen Käse
und ein bißchen Zimt und macht dann am Herd weiter. Dort
kocht bereits eine gute Fleischsuppe. Man gießt den Wein
dazu und verrührt dann die oben genannten Zutaten mit. Die
Suppe darf nicht mehr kochen, damit die Eier nicht gerinnen.
Beim Servieren kommen in Butter angeröstete Brotwürferl an
die Suppe und nochmals eine Spur Zimt.

Strauben

1 Pfund Mehl   2 getrennte Eier
2 Prisen Salz   1 Stamperl klarer Schnaps
$^1/_2$ l Milch   Pflanzenöl als Backfett
$^1/_4$ l süßer Rahm

Die Dolomiten haben zum kleinen Fenster in die
kohlschwarze Kuchl der Bäuerin Emma Feichter hereinge-
schaut, wie sie grad ein Gebäck »aus besonderem Anlaß« im
Schmalztiegel hatte. Der besondere Anlaß wäre gewesen,
wenn ein Bräutigam grad um die Tochter des Hauses angehalten hätte. Da hat's immer Strauben gegeben. Diesmal
hat das Fernsehen um das Rezept angehalten, und die ladini-
sche Bäuerin in Enneberg in Südtirol hat nicht Nein gesagt.
In die Schüssel wird nach und nach lauwarme Milch an das
gesalzene Mehl gegossen und fleißig mit dem Rahm verrührt.
Dann kommen die Eidotter dazu und ein Stamperl Obstler
(bei Frau Feichter war es ein Trebernschnaps, gebrannt aus
Fruchtrückständen). Zum Schluß wird der steifgeschlagene
Eischnee untergehoben. Der Teig soll von einer Beschaffen-
heit sein, daß er nicht zu schnell durch die Öffnung eines

Haushaltstrichters ins heiße Pflanzenfett (hier: Samenöl aus Sonnenblumenkernen oder Leinsamen) in der Pfanne rinnt. Frau Feichter hat einen langen Holzstiel am Trichter gehabt, damit sie nicht über dem heißen Fett arbeiten muß. Beim Einfüllen des Teiges hat sie das Abflußrohr mit dem Finger zugehalten. Auf dem Ofen stand ein riesengroßer Schmalzhafen, man hörte die Holzscheiter knistern und burren; die Backtemperatur wurde durch Weg- oder Hinschieben der Eisenringe geregelt. Natürlich hatte sie eine viel größere Menge Teig verarbeitet, als hier für Ihren Hausgebrauch angegeben. Mit dem Trichter vollführte sie eckige und kreisende Bewegungen über dem Tiegel, so als wollte sie mehrmals »1111« und »888« ins Schmalz schreiben. So entstanden herrliche bizarre braungebackene Gebilde, die gut zu einer Tasse Kaffee schmeckten.

Kasnocken

1 Pfund Knödelbrot	$^1/_2$ l Milch	1 Prise Salz
1 Zwiebel	3 Eier	50 g Grünzeug
2 Eßlöffel Öl	200 g Graukas	30 g Mehl

Zum Bestreuen: Parmesankäse

Man kann diese Nocken je nach Appetit zu den warmen Vorspeisen zählen, aber auch als Hauptmahlzeit einnehmen. Ausschaun tun s' wie unsere Griesnockerl, sind aber weitaus gehaltvoller. Übrigens: der Graukas ist eine Südtiroler Spezialität. Einen ähnlichen Topfenkäse gibt's natürlich bei uns auch.

Ein Pfund Knödelbrot vermischt man mit einer feingehackten, in Öl abgerösteten Zwiebel. Dann verkläppert man die Eier in Milch, schüttet die Mischung an das Knödelbrot und vermengt alles gut mit beigegebenem zerbröckeltem Graukas, etwas Salz und Grünzeug der Saison. Dieses Gemenge läßt man eine Viertelstunde anziehen. Dann formt man Nockerl (mit bemehlten Händen und Löffeln), die ungefähr zehn Minuten kochen müssen. Man bestreut sie zum Servieren mit geriebenem Käse und übergießt sie mit zerlassener Butter.

Rahm-Hancklich

Boden:	Guß:
400 g Mehl	*¹/₂ l süßer Rahm*
30 g Hefe	5 Eidotter
75 g Zucker	5 Eiweiß als Schnee
¹/₄ l Milch (oder Rahm)	75 g Zucker
100 g Butter	1 bis 2 Eßlöffel Grieß
1 Ei, 2 Eidotter	100 g Rosinen
1 Prise Salz	etwas Backfett fürs Blech

Ins Mehl drückt man eine kleine Mulde, bröckelt die Hefe zu etwas lauwarmer Milch und Zucker hinein, streut oben ein wenig Mehl darüber und läßt diesen Vorteig eine Viertelstunde zugedeckt gehen. Danach vermengt man die übrigen Zutaten gut mit dem Dampferl und läßt den Teig noch einmal eine Viertelstunde gehen. Dann walkt man ihn daumendick aus, legt ihn aufs gefettete Blech und bäckt ihn bei 220 Grad im vorgeheizten Rohr zehn Minuten vor. Inzwischen fertigt man den Guß: Die Sahne mit den Eidottern, dem Zucker und dem Grieß verrühren. Das Eiweiß zu Schnee schlagen und mit den Rosinen unter die Rahmmasse ziehen. Alles auf den Hefeteig verteilen und den Hancklich 20 Minuten bei 150 Grad backen. Eine Siebenbürgische Spezialität.

Choucroute

Das Elsässer Sauerkraut ist etwas für einen guten Appetit und einen gesunden Magen. Sauerkraut aus dem Faß braucht die doppelte Garzeit als solchen in Dosen oder Plastikbeuteln (letzteres unser Rezept).

2 Eßlöffel Gänseschmalz	*¹/₄ l Fleischbrühe*
1 Zwiebel	*1 Apfel*
2 Pfund Sauerkraut	*4 Kasseler Ripperl zu je 125 g*
1 Lorbeerblatt	*4 braungeräucherte Wammerl zu je 100 g*
5 Pfefferkörner	*4 Pfälzer Würste (oder Polnische)*
5 Wacholderbeeren	*¹/₄ l Weißwein*

Das Ganze ist ein Eintopfgericht. Man schwitzt im Tiegel eine in Ringe geschnittene Zwiebel in ausgelassenem Gänseschmalz glasig und gibt dann das aufgelockerte Sauerkraut mit Lorbeerblatt, Pfefferkörnern und Wacholderbeeren dazu. Dann wird so viel heiße Fleischbrühe eingegossen, daß nur noch die obere Schicht unbedeckt bleibt. Auf diese wird ein geriebener säuerlicher Apfel verteilt, das Ganze umgerührt und zugedeckt zehn Minuten durchgedünstet. Danach nimmt man den Deckel ab, belegt das Kraut mit dem Wammerl und den Würsten und kocht alles zusammen eine halbe Stunde. Sehr fette Würste einige Male mit der Gabel einstechen; das Kasseler gibt man erst nach einer Viertelstunde hinzu, weil es ja bereits beim Metzger vorgekocht wurde. In den letzten fünf Minuten der Garzeit gießt man seitwärts den Wein zu und läßt ihn noch mitköcheln. Das Choucroute wird auf einer großen Platte oder in einer weitausladenden Schüssel angerichtet.

Quiche Lorraine

Der Lothringer Mürbteigkuchen wird heiß serviert. Dazu trinkt man Lothringer Rosé oder einen Elsässer Edelzwicker.

Zum Mürbteig:	Zum Belag:
200 g Mehl	*250 g magerer Kochschinken*
1 Ei	*200 g Emmentaler*
$^1/_4$ Teelöffel Salz	*50 g gehackte Zwiebeln*
1 Messerspitze Pfeffer	
100 g Butter	**Guß aus:**
3 Eßlöffel Wasser	*3-4 Eiern*
	$^1/_8$ l Rum
	Gewürze und Kräuter nach Wahl
	(Salz, Pfeffer, Majoran, Paprika)

Man gibt das Mehl in eine Schüssel, drückt in der Mitte eine Mulde, schlägt das Ei hinein, salzt, verteilt ringsum die weiche Butter in Flocken und vermischt alles gut. Dann knetet man einen glatten Teig. Dabei muß man tröpfchenweise eiskaltes Wasser zugeben. Zu einer Kugel geformt und in Alu-Folie eingewickelt, muß er eine Stunde im Kühlschrank ruhen.
Zwei Drittel des Teiges werden danach etwa 1 cm dick aus-

gewalkt und in eine gut gefettete Springform gegeben. Aus dem Rest walzt man eine Wurst, die genau um die Innenseite der Form paßt. Man drückt sie an und formt sie nach oben, so daß ein 1 bis 2 cm hoher Rand entsteht. Der Boden wird gleichmäßig mit der Gabel einige Male eingestochen, damit er sich beim Backen nicht wölbt. Man belegt ihn mit einem Gemisch aus kleingewürfeltem Schinken, grobgehackter Zwiebel und geriebenem Käse. Darüber gießt man mit saurem Rahm verquirlte Eier, die man mit Gewürzen und Kräutern nach Wahl versehen hat. Das Ganze wird im vorgeheizten Rohr bei 200 Grad 40 Minuten gebacken.

Drei-Haxen-Suppe

Sie hat kochpäpstliche Absegnung, denn das Rezept ist von Paul Bocuse. Ich erfuhr es von ihm auf die Frage, was er wohl einem Bayern aufkochen würde. Bocuse setzte sofort Bayern mit Gebirge gleich und meinte, was den Bauern im französischen Zentralmassiv mundet, würde sicherlich auch uns Älplern schmecken. Unrecht hat er nicht gehabt, denn auch in der Kochbranche ist der Pontifex Maximus unfehlbar, genau so wie meine Fernseh-Köchin Marianne Hartl, Hausfrau aus Pfarrkirchen. Sie hat für ihren Otto eingekauft:

1 Rindshaxe	2 Petersilwurzeln
1 Kalbshaxe	$1/_2$ Pfund weiße Rübchen
1 Schweinshaxe	3 Nelken
1 Pfund Porree	1 Sträußl Thymian
1 Pfund Gelbe Rüben	2 Lorbeerblätter
$1/_2$ Sellerieknolle	3 Schalotten
$1^1/_2$ Pfund Kartoffeln	1 Dutzend Pfefferkörner
1 Bund Petersilie	einige Prisen Salz

Kaltes Salzwasser hat sie selbst gehabt. Darin hat sie als erstes die Rindshaxe zugesetzt, weil die am längsten braucht. Kalt deshalb, damit die Suppe besonders kräftig wird. Nach einer Stunde Kochzeit kommen die zwei anderen Haxen dazu, die Gewürze und das grobgeschnittene Wurzelwerk. Wieder muß man eine Stunde kochen lassen, bis man die geviertelten rohen Kartoffeln in den Tiegel gibt. Jetzt braucht man bloß mehr eine halbe Stunde zu warten, bis man den Deckel abnehmen darf. Alles kommt in einer großen Schüssel auf den Tisch, und jeder schneidet sich ab oder nimmt heraus, was ihm schmeckt. Merci, Paul! (Damit können Sie auch mich meinen).

Entrecôte in Burgunder-Soße (1 Person)

1 Entrecôte (= Zwischenrippenstück, 400 g, 5 bis 6 cm dick)
1 Eßlöffel Butter
1 Eßlöffel Schalotten
1 Stamperl Madeira
1 Schuß Burgunder
1 Schuß Champagner
1 Schuß Zitronensaft
2 Eßlöffel süße Sahne
1 Eßlöffel scharfer Senf
Salz, Pfeffer
$1/2$ zerdrückte Knoblauchzehe
1 Teelöffel gehackte Petersilie
1 Messerspitze Trüffel
1 Prise Zucker

Das Rezept stammt von Giovanni Cavestri, den man den »Weltmeister der Soßen« nennt. Er kocht nur für die Prominenz oder für gute Freunde. Dieses Gericht hat er im »Allgäu Stern« in Oberstdorf auf zwei Rechauds vorgeführt. Er könnte es auch mit sechsen zur gleichen Zeit. Für uns genügt zu wissen, was in einer Pfanne geschieht. Kleingeschnittene Schalotten werden in Butter gedünstet, dann wird das Entrecôte auf jeder Seite zwei Minuten gebraten. Nach dem Wenden kommt ein Gläschen Madeira hinzu. Der Wein soll noch ins Fleisch einziehen. Dann nimmt man das Entrecôte heraus und stellt es warm. In den Bratsaft gibt man nun hintereinander eine halbe Tasse Fleischbrühe, je einen Schuß Burgunder, Champagner und Zitronensaft, 2 Eßlöffel Rahm, Senf und die Fein-Gewürze: 1 Prise Salz, 2 Prisen Pfeffer, etwas Knoblauch in Öl, 1 Teelöffel Petersilie, eine Messerspitze Trüffeln und eine kräftige Prise Zucker. In dieser Soße läßt man das Entrecôte noch vier Minuten leise kochen.

Pilze mit Tomaten

So kriegt man sie »beim Italiener«. Dort heißen sie »Funghi al Pomodore«. Gekostet in Nürnberg, Fenitzerstraße, »Il Carro«.

1 Eßlöffel Öl	*2 Eßlöffel Öl*
1 Eßlöffel Butter	*3 Tomaten*
150 g Zwiebeln	*Salz, Pfeffer*
1 Knoblauchzehe	*1 Eßlöffel Petersilie*
400 g Steinpilze	*1 Zweigerl Basilikum*

In der heißen Pfanne läßt man Öl und Butter zerlaufen und schwitzt darin feingeschnittene Zwiebeln goldgelb an. Feingehackter oder durchgedrückter Knoblauch sollte nicht fehlen. Dann kommen die Steinpilze in groben, gulaschwürfelgroßen Stücken hinein und werden fünf Minuten gedünstet. Sobald sie nicht mehr Saft ziehen, wird Öl dazugegossen. Darauf folgen die Tomaten in kleinen Würfeln. Die Haut ist abgezogen. Man verrührt alles bei guter Hitze und würzt dabei mit Salz, Pfeffer, feingewiegter Petersilie und einem Zweigerl Basilikum. Dann läßt man die Schwammerl nur noch bei kleiner Flamme 20 Minuten fertiggaren.

Saltimbocca (1 Person)

100 g Kalbslende	*1 Schuß trockener Weißwein*
50 g Kochschinken	*3 Eßlöffel Fleischbrühe*
6 Salbeiblätter	*1 Eßlöffel Bratensaft*
1 Eßlöffel Öl	*Salz, Pfeffer*
1 Eßlöffel Butter	

Das Fleisch in drei sehr dünne Scheiben schneiden, die aufeinanderpassen. Dazwischen legt man jeweils zwei gartenfrische Salbeiblätter. Man brät die Doppelschnitzel in der Pfanne in heißem Öl auf jeder Seite eine Minute. Der Schinken hat dabei die erste Fettberührung. Nach dem Anbraten gießt man das Öl weg und macht mit Butter weiter. Wenn das Fleisch auch darin einige Minuten gebrutzelt hat, löscht man mit Weißwein ab und gießt etwas Brühe und Bratensaft dazu. So hat's angeblich schon den alten Römern geschmeckt. Warum nicht auch uns jungen Bajuwaren?

Djuveč-Reis zu Čevapčiči

3 Eßlöffel Öl	1 Eßlöffel Tomatenmark
1 Zwiebel	1 l Wasser
1 Stück Sellerie	1 Tasse Reis
2 Gelbe Rüben	**Čevapčiči:**
3 Knoblauchzehen	400 g Rindfleisch
1 Eßlöffel Petersilie	150 g Schweinernes
1 Tomate	150 g Hammelfleisch
Salz, Pfeffer	2 Knoblauchzehen
1 Teelöffel Paprika	Salz, Pfeffer, Paprika
1 grüne Paprikaschote	Bratfett

Im Topf wird eine gehackte Zwiebel in Öl glasig gedünstet, dann kommen Selleriewürfel (aus einem apfelgroßen Stück) und Gelbe Rüben-Scheiben dazu. Man läßt dies gut angehen, rührt auch das Ausgedrückte von drei Knoblauchzehen hinein sowie feingehackte Petersilie, eine Tomate in Achteln, edelsüßes Paprikapulver, eine grüne Paprikaschote in Streifen und zuletzt einen Eßlöffel Tomatenmark. Gewürzt wird noch mit Salz und Pfeffer. Wenn alles gut durchgekocht ist, wird mit heißem Wasser aufgegossen, der Reis beigegeben, noch einmal verrührt und das Gericht zugedeckt im Rohr 20 Minuten bei 200 Grad fertiggegart.

Die Čevapčiči werden aus dreierlei Fleisch zubereitet, das man zweimal durch den Wolf dreht. Man würzt nach Geschmack mit Pfeffer, Salz, Knoblauch und scharfem Paprika. Dieses Brät drückt man durch einen Trichter zu fingerlangen Würsteln. Bevor man sie in der Pfanne brät oder grillt, sollte man die Čevapčiči mindestens eine Stunde lang in den Kühlschrank tun. Dort können sie gut durchziehen und zerfallen später nicht.

Musaka (1 Person)

3 Scheiben Zucchini	Salz, Pfeffer, Zimt
3 Scheiben Auberginen	1 Tasse Wasser
3 Kartoffelscheiben	2 Eier
$^1/_2$ Zwiebel	2 Eßlöffel Mehl
1 Eßlöffel Petersilie	$^1/_4$ l Milch
100 g Hackfleisch	Öl als Backfett

Die Gemüsescheiben werden beiderseits in Öl gedünstet. In einer anderen Pfanne schwitzt man die kleingehackte halbe Zwiebel und die feingewiegte Petersilie in Öl an, gibt das Hackfleisch hinzu, würzt, wobei der Zimt die absolute Mehrheit hat, vermischt alles gut und löscht mit einer Tasse Wasser ab. Man läßt das Ganze eine Viertelstunde kochen. In einem Topf mit bodenverdeckt heißem Öl rührt man verquirlte Eier ein, die man mit Mehl und heißer Milch gut vermischt und bis kurz vor den Siedepunkt erhitzt. Nun gibt man den Inhalt der zwei Pfannen in eine feuerfeste Auflaufform, die Creme obenauf, und bäckt das Gericht im vorgeheizten Rohr bei 180 Grad 20 Minuten.

Thailand-Karpfen

»Heute ich kochen ein Gericht aus Thailand, heißt Blatschuschi. Dazu ich nehmen eine Krapfen und dann a Milch, Kokosmilch, Fischsoße, Knoblauch, Schalotten, Ingwer, Pfeffer, Peperoni, Zitronenkraut, Basilikum und Zitronenblätter. Die Zutaten, die ich Ihnen habe gezeigt, voher ich hab kleingeschnitten, dann wird in Küchenmaschine herein und wird ganz fein gedrucken. Wird ganz schnell fertig . . . So, jetzt geht am Ofen weiter. Nehme ich etwas Milch, nehme ich Gewürze, Fischsoße, Krapfen, wieder etwas Milch, damit nicht verbrennen, so: umdrehen ich. Danach wieder kochen ich. Kokosmilch. Machen ich jetzt fertig. Muß ich etwas Basilikum hinein und auch Zitronenblätter. So jetzt fertig.«
Das ist der Fernsehtext der liebenswürdigen und verehrten Nitaya, was so viel heißt wie »kleine Frau«. Sie kochte für die Schmankerlküche einen Karpfen. Als sie zum achten Male »Krapfen« sagte, gaben wir auf. Es sind also Fischfilets, die in

der Pfanne in viel Kokosmilch und fein ge»druckten« Gewürzen gegart werden. Anstelle von Salz hat Frau Wiedmann (ein Münchner solchen Namens hat sie aus Siam geholt, geheiratet und zur Wirtin gemacht) »Fischsoße« genommen. Denn: »Euer Salz wir nicht kennen!«

Viele Bayuwaren kennen mittlerweile das Land der Thai aus eigener Anschauung. Es hat sich herumgesprochen, daß es dort nicht nur die schönsten Katzen gibt, sondern auch kunstfertige Masseusen, die mit den hartnäckigsten Gliederschmerzen fertig werden. Gesund und an die siamesische Kost gewöhnt, kehren die Urlauber zu den heimischen Fleischtöpfen zurück. Falls sie aber Sehnsucht nach einer thailändischen Mahlzeit überkommen sollte: bei Nitaya werden sie bestens bedient.

Register

159

Wirte-Verzeichnis

Verzeichnis der Wirtshäuser mit bayerischer Schmankerlküche

Gasthaus Wasner
Schmankerlwirtin: Hansi Weber
Passauer Straße 9 · ☎ (0 85 63) 871
8345 Birnbach
R: Keiner BF: Keine

Gasthof zum Stern
Schmankerlwirt: Alfred Schäfer
Altstadt 6 · ☎ (0 97 41) 780 + 789
8788 Bad Brückenau
R: Keiner BF: Keiner

Zum Grafenwirt
Schmankerlwirt: Rupert Murrer
Bahnhofstraße 7 · ☎ (09 91) 87 29
8360 Deggendorf
R: Di BF: Ende Mai/Anfang Juni

Hotel-Restaurant Traube
Schmankerlwirt: Hans Nestmeier
Kapellstraße 14 · ☎ (09 06) 60 96
8850 Donauwörth
R: Mi BF: Keine

* Landgasthof zur Alten Brauerei
Schmankerlwirt: Robert Hübsch
Frankfurter Straße 1 · ☎ (0 66 59) 12 08
6405 Eichenzell-Löschenrod
R: Mo BF: Keine

Alter Post-Gasthof Goldener Hirsch
Schmankerlwirt: Bernd Schuler
Marktplatz 6 · ☎ (0 91 04) 695
8535 Emskirchen
R: Mo BF: Keine

Brauereigasthof Zum Kuchlbauer
Schmankerlwirt: Helmut Seif
Stadtplatz 2 · ☎ (0 94 43) 14 84
8423 Abensberg
R: Mo BF: Anfang August ca. 20 Tage

Gasthof Bergwirt
Schmankerlwirtin: Therese Pöppl
Egglhamerstraße 9 · ☎ (0 85 43) 12 08
8359 Aidenbach
R: Keiner BF: Ende November

Gasthof Regensburger Hof
Schmankerlwirt: Herbert Schönweiß
Unterer Markt 12 · ☎ (0 91 87) 27 36
8503 Altdorf
R: Mo + Mi nachm. BF: Nach Pfingsten

Tiergarten-Restaurant
Schmankerlwirtin: Anna Wenzl
Am Tiergarten
8900 Augsburg
R: Mi BF: Keine

Brauerei-Schänke Aying
Schmankerlwirtin: Inge Beisensteiner
☎ (0 80 95) 13 45
8011 Aying
R: Do BF: 2. Nov.–W. bis 2. Dez.–W.

Gasthof zur Post
Schmankerlwirtin: Irmgard Nopper
Schulstraße 9 · ☎ (0 80 23) 226
8163 Bayrischzell
R: Di BF: M. Okt – M. Dez.

Hotel-Gasthof Gams
Schmankerlwirt: Eduard Liebscher
Hauptstraße 16 · ☎ (0 84 61) 358 + 13 58
8432 Beilngries
R: Mo BF: Keine

Hotel-Gasthof Goldener Hirsch
Schmankerlwirt: Helmut Teufel
Hoferstraße 12 · ☎ (0 92 73) 76 89
8582 Bad Berneck
R. Mi BF: 25 Okt. – 25. Nov.

Gasthof zur Krone
Schmankerlwirt: Herbert Lother
Bocksbeutelstraße 1 · ☎ (0 93 81) 850
8712 Escherndorf am Main
R: Di BF: 7. 1. – 10. 2.; 25. 7. – 25. 8.

Hotel-Gaststätten Hofer-Bräu
Schmankerlwirt: Hans Hofer
Waldschmidtstraße 20 · ☎ (0 99 73) 13 27
8492 Furth i. Wald
R: Sa (außer Saison) BF: November

Weinstube Kürzinger
Schmankerlwirt: Engelbert Burger
Höllbräugasse 1 · ☎ (08 41) 3 33 11
8070 Ingolstadt
R: Di BF: August

Kissinger Kindl
Schmankerlwirt: Willi Nenninger
Kapellenstraße 3 · ☎ (09 71) 28 34
8730 Bad Kissingen
R: Mo, So ab 14.00 BF: 22. 12. – 1. 2.

Gasthof Alte Post
Schmankerlwirt: Konrad Bösl
Kraftshofer Hauptstraße 164 · ☎ (09 11) 39 10 63
8500 Kraftshof bei Nürnberg
R: Mi BF: Oktober

Stadtschänke
Schmankerlwirtin: Maria Sailer-Rapp
Holzmarkt 3 · ☎ (0 92 21) 45 07
8650 Kulmbach
R: Do BF: Februar